콜롬비아 그리고 한국전쟁

콜롬비아 그리고 한국전쟁

차 경 미 著

한국학술정보(주)

책머리에

    라틴리듬 꿈비아에 몸을 맡긴 정열적인 미인들 그리고 커피 향으로 가득한 아름다운 나라 콜롬비아. 씩씩하고 패기 넘치던 과거의 자신과 마주한 노병들의 아리랑 노래 자락 속에 젊은 날에 대한 회환과 한국에 대한 향수가 배여 있는 라틴아메리카 유일의 잊혀진 한국전 참전국 콜롬비아. 그러나 지금 우리의 인식을 지배하고 있는 콜롬비아는 마약, 게릴라 그리고 내전이다.

    1950년대 중반부터 본격적인 활동을 시작한 좌익반군과의 내전으로 인해 콜롬비아 정부는 오늘날 국토 절반에 대해 통제력을 상실한 상태에 놓여있다. 사회구조적 불균형 문제에서 시작하여 냉전 종식 이후 세력다툼으로 양상이 변화하고 있는 현재 내전은 막강한 자금력을 보유하고 있는 마약조직 등이 좌우익 무장단체와 얽혀 소모적인 투쟁을 일삼는 과정 속에서 진행되고 있으며, 이로 인한 사회와 경제적 불안은 날로 가중되고 있다.

    동구권 붕괴 이후 남미 대부분 국가의 좌익 반군단체가 약화되고 소멸되었음에도 불구하고 콜롬비아에서만은 여전히 내전이 지속되고 있다. 그러므로 콜롬비아의 내전은 좌우익의 이데올로기적 갈등을 넘어 콜롬비아의 특수한 역사적 상황에 대한 이해를 바탕으로 설명되어야 할 것이다.

    콜롬비아의 내란은 19세기 중반 독립 이후부터 자유와 보수 양당 간의 첨예한 대립으로 지속되어왔다. 그러나 1948년 민중지도자인 가이딴(Jorge Eliecér Gaitán)의 암살과 1946-1953년 양당의 갈등으로 격화된 정치폭력사태인 비올렌시아(Violencia)라는 역사적 경험은 좌우의 이념적 대립과 함께 좌익 반군 조직을 가능케 했다. 그리고 라틴아메리카에서 유일하게 자국군을 파병한 한국전 참전국이 되었다. 전통적으로 콜롬비아의 대외정책은 국내정책을 수행하기 위한 보조적 방편으로써 국내정치의 연장선상에서 이해되었다. 그렇다면 양당 간의 갈등이 첨예화되어 발생한 정치적 폭력 사태인 비올렌시아 시기에 국제 분쟁에 냉담했던 콜롬비아가 왜, 그리고 무엇 때문에 라틴아메리카에서 유일하게 한국전 참전을 결정하게 되는가에 대해 관심이 가지 않을 수 없다.

동일한 국제적 상황에도 불구하고 개별 국가들의 외교정책이 서로 다른 원인은 국내적 구조에서 찾게 된다. 콜롬비아의 입장에서 볼 때 한국전 개입은 외교정책의 이념적 요인보다는 국내의 안정이 주요 문제로 대두되는 상황 속에서 미국과의 동맹을 통해 국내의 정치적 안정을 추구했던 것으로 생각할 수 있다.

콜롬비아군의 한국전 개입은 정부의 경제적 실리 추구 의도가 잠재해 있었으나, 참전의 경제적 동인에 대한 강조는 콜롬비아 정부의 파병과 관련된 다른 측면들까지 포괄적으로 설명하는 틀을 제공하고 있지는 않았다. 따라서 이 책은 콜롬비아의 한국전 참전은 당시 대내적 위기상황 속에서 보수정부가 적극적인 파병결정을 주체적으로 선택함으로써 지배체제를 공고히 하려는 정치적 동기가 강하게 작용하였다는 점을 강조하면서 콜롬비아의 한국전 참전의 국내적 요인을 총체적으로 분석하려고 노력했다.

사실 이 책은 필자가 2004년 8월에 마친 박사학위 논문을 약간 수정, 보완한 것이다. 이 책이 나오기 까지 감사하다는 말로는 다 채워지지 않는 많은 분들의 도움이 컸다. 최영수 선생님, 강석영 선생님, 조이환 선생님, 송기도 선생님 그리고 김기현 선생님께 감사드린다.

그리고 늘 가까이서 정신적인 지원을 아끼지 않고 응원해주던 오경선 언니와 윤두영 선배님, 친구 조미연에게는 평생 갚지 못할 마음의 빚을 안고 있다. 또한 현지 자료 연구에 도움을 주었던 콜롬비아 국립대학교 역사학과 세사르 아얄라(Cesar Ayala) 교수님과 석사과정 동료였던 까를로스 플로레스(Carlos Flores) 그리고 아나 루스(Ana Luz)에게도 감사의 마음을 전하고 싶다. 끝으로 부족한 이 논문의 출판을 흔쾌히 맡아 주신 한국 학술정보(주)의 채종준 사장님과 신재훈님께도 감사드린다. 묵묵히 믿음의 눈길로 늘 말없이 옆을 지켜주시는 나의 어머니에게 이 책을 바친다.

목 차

표 목차

I. 서 론

한국전 참전 이전 콜롬비아는 일련의 정치적 폭력 사태인 비올렌시아의 발생으로 정치와 사회는 극도로 혼란했다. 비올렌시아는 양극화된 정치체제 속에서 정권교체기를 계기로 보수와 자유 양당 간의 갈등이 가속화됨으로써 발생한 사건이었다. 콜롬비아의 보수와 자유 양당제는 19세기 중엽 경제사상이 갈등을 유도하는 정치문제로 대두되었을 때 성립했다. 전통적인 양당은 지배계급의 경제적 이해를 기반으로 형성된 소수 엘리트 중심의 정당으로서 자유당이 내세웠던 이념도 식민시대 부터 유래한 사회경제 구조를 청산하기 위한 것이 아니라 그들의 특권과 이익을 지킬 수 있는 여건을 조성하는 데 있었다.

사실 19세기 중남미역사에서 자유주의와 보수주의를 도식적으로 분류하여 설명하기는 어렵다. 왜냐하면 19세기 라틴아메리카는 중간계층과 자본가 그룹이 형성되지 않은 상태에서 각 그룹은 자신의 입장을 보호하기 위해 자유주의를 받아들였다. 또 국가마다 그 양상이 상이했다. 아르헨티나의 경우 보수적 연방주의자들이 개혁주의적인 중앙집권주의자들에게 승리한 결과로 1829-1852년 사이에 로사스(Juan Manuel Rosas) 독재 정권이 수립되었지만, 일반적으로 자유주의는 연방주의를 그리고 보수주의는 중앙집권적인 정부형태를 주장했다. 이것은 기존의 엘리트그룹인 보수주의자들이 이미 중앙집권화 된 체제 내에서 권력을 장악하고 있었고, 이러한 질서 속에서 자유주의자들은 보수주의자들의 권력 분산을 꾀하기 위해 연방주의를 주장한 것으로 이해할 수 있다.

콜롬비아의 정당들은 다른 중남미 여타국가와 마찬가지로 서구의 정당들과는 다른 발전과정으로 인해 이념 및 정책적 분화과정을 거치지 못했고, 정당 간의 차별성을 갖지 못하게 되었다.[1] 근대적 선거를 통한 정치 참여에 대한 경험이 전무 하고 정치의식이 결여되어 정치적으로 원자화되어 있는 대다수 유권자들은 정당의 정치적 동원 대상이 될 수밖에 없었다. 그러므로 보수적 양당제 정치 구도는 정당들로 하여금 이념적 정책적 경쟁의 필요성을 인식하지 못하게 했다. 기존정치 체제에 반감을 가진 일반 대중은 폭력을 동원한 정당 간의 갈등으로 빚어진 내란의 진행과정 속에서 정치적 영향력을 행사하지 못하고 결국 정치 지도자들에 의한 정치동원의 도구 역할을 수행했다.

1946년 실시된 콜롬비아의 대통령 선거는 양당 간의 갈등을 격화시킴으로써 국내 소요 사태로 인한 정치적 불안정을 가중시켰다. 16년 만에 보수당은 정권으로 복귀하고, 소수 엘리트에 의해 독점되고 있던 부와 권력은 민중에게 정치경제적 차별과 지속적인 박탈감을 안겨주었다. 더욱이 급진자유파의 대선 후보였던 민중지도자

---

1) 서구의 경우 노동자와 하층계급의 지지를 필요로 하던 보수-자유 양당의 경쟁에 힘입어 제2차 및 제3차 선거법 개정이 이루어졌다. 영국, 프랑스, 독일 및 이탈리아 등에서 배경과 경로는 다르지만 노동자와 하층계급들이 정치적 참정권을 획득하게 됨으로써 보통 선거권이라는 선거제도의 개혁을 이끌어냈다. 이와 같이 서유럽에서는 아래로부터 개혁 요구로 보통선거권의 실현이 이루어져 대중정당의 결성단계로 들어갔다. 보통선거권의 도입을 통한 참정권의 확대는 정당정치의 형태를 근본적으로 바꾸어 놓았다. 보통선거권이 확대되는 데는 두 가지 방법이 있다. 첫째, 서구 선진 자본주의 사회의 형태로서 체제의 안정을 유지하기 어렵기 때문에 부여하는 경우, 둘째, 시민들이 힘을 갖기 이전에 보통선거권이 먼저 도입되는 경우였다. 유창선, 한국정당체제의 성립과 전개에 관한 연구, 연세대학교 박사학위논문, (2001).

인 가이딴이 암살되자 민중의 분노가 폭력으로 표출되었다. 집권 보수당은 대규모로 확산된 폭력 사태로 사회 통제 능력을 상실하여 권력 기반이 불안정하게 되자 자유당에 대한 탄압을 강화하기 시작했다. 보수당의 사병 조직으로서 역할을 담당했던 경찰은 자유당에 대한 가혹한 폭력적 탄압에 동원되었다. 군부 역시 도시를 중심으로 확산된 폭력 사태와 반정부 게릴라 집단의 활동을 계기로 비올렌시아 과정에 개입했다.

국내의 정치적 폭력 사태로 게릴라들의 반정부 활동은 점차 확산되자 반란에 대한 효과적인 진압을 목적으로 집권당은 군과 경찰의 보수화 작업을 가속화했다. 결국 1932-1933년 페루와의 국경분쟁과 제2차 세계대전을 통해 발언권이 강화된 군부는 1953년 국내정치의 혼란을 틈타 쿠데타로 직접 정권을 장악했다.

이와 같은 상황 아래 보수집권당은 라틴아메리카에서 유일하게 한국전 참전을 단행했다. 한국전은 2차 세계대전 후 막강한 군사력을 바탕으로 세계 강국으로 부상한 미국의 신예군사 전술과 최신 전투 장비가 투입된 전쟁이었다. 그러므로 콜롬비아의 보수정권은 한국전 참전이 자국군의 전문화 및 군장비의 현대화를 가져 올 것으로 생각했다. 또한 참전의 경험은 국내 반정부 게릴라 진압에 효과적으로 대응 할 수 있는 능력을 갖추는데 크게 이바지 할 것으로 기대했다.

결국 콜롬비아의 한국전 참전 동기는 당시 집권당인 보수당이 패권주의적 양당체제 속에서 국내 자유당세력의 약화를 꾀하는 한편, 참전을 계기로 얻은 신무기 사용의 경험과 새로운 군사적 전략과 전술을 통해 국내에서 전개되는 반정부 게릴라 집단의 반란을 효과적으로 진압하고자 했던 정치적 전략에서 비롯된 것이었다.

  이 책은 1940년대의 정치폭력사태를 중심으로 콜롬비아의 정치사를 규명하는 데 있어 한국 파병은 필수적이라는 문제의식에서 비롯하여 콜롬비아군의 한국 파병 배경과 과정을 역사적으로 재조명하데 그 목적을 갖고 있다. 그리고 콜롬비아는 미국의 영향력에 어떻게 적응하면서 외교의 근본목표인 국가이익을 추구하고자 했는가를 살펴보았다. 즉 한국전 파병의 외교정책 결정은 콜롬비아가 미국의 파병 요구라는 외부적 요인을 국내정치 요인과의 연계관계에서 어떻게 적응했는가를 중심으로 연구를 진행했다.

  그동안 콜롬비아군의 한국전 참전에 관한 연구는 많은 학자들의 주된 연구의 주제가 되지 못했다. 특히 참전의 배경과 파병 결정 및 파병과정에서 나타나는 콜롬비아 정부 역할 부분에서는 더욱 두드러지게 나타났다. 콜롬비아군의 한국전 파병동기를 다룬 연구들도 주로 사실규명 위주의 서술적 연구에 치우쳐 있었다. 역사적 사실을 중심으로 한 저서로는 몬뚜아 대령(Francisco A Gaicedo Montua)의 반사이(*Banzay, 1995*)와 가브리엘(García Puyana Gabriel)의 타국에서 자유를 위하여(*Por la Libertad en la Tierra Extraña, 1993*)가 있다. 콜롬비아군이 한국전에서 수행한 군사적 업적에 관한 저서로는 노보아(Alberto Ruíz Novoa) 장군의 한국전의 군사적 교훈(*Enseñanza Militar de la Campaña de Corea, 1956*)과 한국에서 콜롬비아(*Colombia en Corea, 1978*) 그리고 또바르(Alvaro Valencia Tovar) 장군의 폐허속의 재건(*Resurgimiento de las Cenizas, 1977*)과 시대의 증언(*Testimonio de una Epoca, 1992*)이 있다. 미국과의 동맹관계를 중심으로 한 저서로는 끄루스(Atehortua Cruz)의 콜롬비아에서 국가와 군부(*Estado y Fuerzas Armadas en Colombia, 1994*)가 있다. 이와 같이 콜롬비아의 한국 파병은 그것이 갖고 있는 정치사적 의미가 대단히 큼에도 불구하고 충분히 연구되지 않고 있었다.

그나마 콜롬비아군의 한국전 참전에 관한 기존의 연구는 일반적으로 미국과의 관계맥락에서 고찰되었다. 즉 콜롬비아군의 한국 파병은 미국과의 동맹이라는 군사 안보적 측면에 중점을 두고 조망했다. 이러한 기존의 연구들은 비슷한 지정학적 상황에 놓여 있던 다른 이웃 국가들과는 달리 콜롬비아 정부의 적극적인 대규모의 파병배경을 보다 효과적으로 설명하지 못했다. 또한 콜롬비아군의 한국파병 배경과 영향을 설명함에 있어서 파병 요인에 관한 정치적 변수의 설명이 간과되고 있다. 따라서 이 책은 당시 보수당 정권이 처했던 국내의 정치구조를 총체적으로 고찰하여 파병의 기본적 동인을 분석 했다. 또한 콜롬비아군의 한국전 참전은 우발적인 사건이라기보다는 미국의 동맹유지 전략과 미국을 활용하고자 하는 콜롬비아 정부의 정책적 선택이라는 관점에서 연구되었다.

이 책의 연구범위는 1950-1953년 사이 한국전쟁 발발과 콜롬비아군의 한국전 참전이 끝나는 시기다. 파병의 동기도 군사와 안보적 측면뿐 아니라 정치 및 경제적 문제 등 보다 다양한 요소들이 파병결정에 중요한 원인으로 작용했음을 강조했다. 파병의 대가로 경제적 이익 추구가 결정적인 동기는 아니었지만, 콜롬비아의 경제적 이득을 위해 강화된 협상의 지위를 최대한 활용했다는 점은 주목해야 했다.

콜롬비아군의 한국전 참전 배경과 영향을 총체적으로 연구하기 위해 한국전 참전에 관련된 콜롬비아의 외무부와 국방부의 관련문서들을 수집하고자 노력했으나 접근이 상당히 제한적이었다. 따라서 본 연구에서 1차 자료로서 콜롬비아를 대표하는 신문과 잡지들의

보도 내용, 또는 관련 인사의 증언이 토대가 되었다. 이를 위해
1950-1953년 사이 발행된 보수계와 자유계 (보수계 4개 및 자유계 7
개 등 11개의 일간지, 보수계의 주간지와 월간지 2개, 자유계 주간지
1개 등) 총 14개의 주요 일간지와 잡지들을 통해 한국전에 관한 여
론과 참전의 당위성을 둘러싸고 전개된 여야의 공방전을 살펴보았
다. 그리고 한국전 참전용사회인 아스꼬베 (Asociación de
Excombatientes Veteranos en la Guerra de Corea : ASCOVE)에서
제공한 자료와 관련 인사들의 인터뷰도 활용되었다. 콜롬비아군의
한국전 파병과정에 관련된 이러한 여론의 대표적 논지들을 통해 참
전의 대내외 연계작용을 고찰할 수 있었다.

〈표-1〉 분석에 사용된 언론자료의 명단

번 호	일간지 및 월간지	정치적 성향
1	엘 씨글로(El Siglo)	보수
2	에꼬 나시오날(Eco Nacional)	보수
3	디아리오 데 콜롬비아(Diario de Colombia)	보수
4	사바도(Sábado)	보수
5	디아리오 오피시알(Diario Oficial)	보수
6	레비스따 하베리아나(Revista Javeriana)	보수
7	엘 띠엠뽀(El Tiempo)	자유
8	엘 에스뻭따도르(El Espectador)	자유
9	방구아르디아 리베랄(Vanguardia Liberal)	자유
10	엘 리베랄(El Liberal)	자유
11	엘 빠이스(El País)	자유
12	호르나다(Jornada)	자유
13	세마나(Semana)	자유
14	뜨리부나(Tribuna)	자유
15	참전용사회 문서(Documento de ASCOVE)	

Ⅱ. 한국전 참전 이전의 국내정치 상황

1940년대 중반 콜롬비아 사회는 자유 보수 양당 간의 갈등으로 정치가 극도로 혼란하였으며, 좌익 반군의 형성과 활동으로 정부는 사회 통제 능력을 상실하고 있었다. 한국전 참전 이전 양당의 대립으로 야기 된 정치적 폭력사태에 대한 설명은 콜롬비아의 전통적인 양당에 대한 이해로부터 출발해야 할 것이다. 콜롬비아의 자유와 보수 양당은 다양한 정치적 이해와 갈등을 조절하고, 통합시켜나가는 제도적 장치로서 기능하지 못했다. 양당은 지배계급의 이익을 대표하는 유일한 통로 역할을 담당함으로써 분쟁의 원동력으로 작용한 것이다. 그러므로 독립 이후 양당 간의 갈등으로 야기된 내란 속에서 기존 정치체제에 반감을 갖게 된 일반 대중은 정치 주도세력으로 성장하지 못하고 정당의 정치적 동원의 대상이 되었다. 본 장에서는 콜롬비아 양당제의 성립과 전개과정 그리고 1946년 양당 간의 갈등 격화로 발생한 정치적 폭력 사태인 비올렌시아를 중심으로 한국전 참전 이전 콜롬비아의 국내정치 상황을 살펴본다.

1. 양당제의 성립과 전개과정

양당제의 성립

스페인 식민통치 기간 동안 중남미 지역은 토지 집중이 가속화됨으로써 17세기 대 농장들이 탄생했다. 대 농장은 식민 경제의 가장 중요한 경제적 가치였던 원주민 노동력으로 경영되었으며, 노동력의 이용형태는 거의 노예제와 유사했다. 17세기말 봉건적 대 농장인 아시엔다(Hacienda)가 형성되고 이후 지주 계급의 기반 위에 등장한 끄리오요(Criollo) 지배계급은 무역과 관련된 활동에 전념하기 시작했다. 끄리오요들은 식민체제 유지를 바탕으로 계급의 우월로부터 파생된 권력과 특권을 통해 경제적 부를 독점하기 위한 매카니즘을 형성했다. 유럽이 지주계급 등장 이후 매우 상이한 계급인 상업 부르주아가 형성된 것에 반해 누에바 그라나다(Nueva Granada)[2]에서는 지주계급의 출현과 함께 상업 부르주아가 지주계급 내부에서 탄생되었다.

지주계급의 이해에 충실한 새로운 경제발전 프로젝트가 추진되던 18세기 중반 새로운 생산관계를 발전시키기 위한 사회적 틀이 마련되었다. 식민사회는 혼혈을 통해 인구가 팽창했으며, 다양한 사회세력이 구성되었다. 또한 기존 사회 질서로부터 도피와 분열을 모색한 분쟁적인 소수 흑인 인구에 의해 사회조직과 규범의 틀이 완성되었다.[3] 이러한 사회적 기초 위에 끄리오요들이 사법적으로 통제할 수 없는 일부 지역 토지를 중심으로 토지의 부분적 소유를 바탕으로 한 농민경제인 아시엔다가 불평등하게 전개되었다.[4] 이러한

---

2) 스페인은 식민 기간동안 4개의 부왕청을 통해 중남미 식민지에 대한 접적인 통치를 실시하게 되는데 누에바 그라나다는 현재 콜롬비아지역을 관할하던 스페인 부왕령을 말한다.

3) Jaramillo Uribe, "Mestizaje y Diferenciación", *Ensayo sobre História Social Colombiana*, (Bogotá: Universidad Nacional de Colombia, 1968), p.168.

4) Orlando Fáls Bórda, *La Cuestión Agraría*, (Bogotá: Punta de Lanza, 1975), pp.51-69; Salomón Kalmanovitz, "El Regimén Agrarío Durante la Colonia", *La Ideología y Sociedad*, no.13, (1975), p.38; Margaríta Gonzáles, *El Resguardo en el Nuevo Reino de Granada*, (Bogotá:

과정 속에서 지역 분화와 지역주의는 강화되었다.

생산자에 대한 직접적인 통제가 어려워지자 억압적인 매카니즘을 기초로 부의 극대화를 통해 유지된 지주계급의 특권은 도전에 직면 했다. 이러한 상황에서 끄리오요들은 경제 활동의 다양화를 위해 무역에 관심을 기울였다. 지배계급이 손실된 부를 충당 할 수 있는 수단으로써 이용되었던 무역은 독립과정에 영향을 미쳤을 뿐만 아니라, 독립이후 끄리오요들이 정치적 우위를 장악하고 부를 점유할 수 있는 도구가 되었다.

17세기부터 까우까(Caucá) 지역은 제한적이긴 했지만 농장-광산 주들이 금의 거래를 통해 무역 활동에 익숙해져 갔다. 안띠오끼아 (Antioquia) 지역은 다른 광산 지역과는 달리 콜롬비아에서 상업 활동이 가장 활성화된 곳이었다. 섬유를 중심으로 수공업 시장이 발달 하던 산딴데르(Santander)지역에서는 18세기부터 안띠오끼아와 까우까 지역의 수요를 충족시키기 위한 제조업 시장이 완성되었다. 수도인 보고따(Bogotá)는 똘리마(Tolima), 꾼디나마르까(Cundinamarca) 와 보야까(Boyacá)를 거쳐 산딴데르에서 우일라(Huila) 지역까지 수입품을 재분배하는 역할을 수행하면서 국내주요 무역을 주도해 나갔다. 꼬스따 아뜰란띠까(Costa Atlántica)역시 식민 초기부터 해상을 통한 국제무역을 경험했다.[5]

이와 같이 누에바 그라나다는 식민 초기부터 광산물을 통해 시작된 중상주의와의 지속적인 관계에도 불구하고 수출입을 통한 무역 활동은 여전히 취약했다. 원주민 노동력을 바탕으로 한 미따(Mita) 와 엔꼬미엔다(Encomienda) 그리고 아시엔다 제도의 지속은 지역

Universidad Nacional de Colombia, 1970).

5) Luis Eduardo Nieto Arteta, *Economía y Cultura en la História de Colombia*, (Bogotá: Tercer Mundo, 1982), p.12.

에서 차별적으로 농업 발전을 가능케 했다. 이러한 상황은 대토지를
소유한 지배계급이 여전히 농촌에서 권력을 유지 할 수 있는 기반
이 되었다. 지배계급의 이해는 지주의 이해가 반영된 것이라야만 했
다. 생산관계는 지배적인 아시엔다로부터 파생된 유산을 이어갔다.
결국 무역 활동의 가장 근본적인 장애는 패트런적 권위 하에 중세
봉건 영지와 유사한 하나의 폐쇄적인 단위였던 아시엔다 경제체제
와 사회조직으로부터 비롯되었다.6)

　상업은 지배그룹의 공동 관심사였지만 모든 경제 활동을 대변한
것은 아니었고 농촌사회에서 부분적으로 정착했다. 콜롬비아의 정
치학자인 프란시스꼬(Francisco Leal Buitrago)에 의하면 "19세기
정치지도자들로서 사바나(Sabana) 농장주들은 보고타에 점포를 소
유하고 있었으나 그들이 진지하게 상업 활동에 몰두한 것은 아니였
다"7)고 한다. 상업은 부족한 자본으로 인해 소규모로 그리고 부가
적으로 지배계급의 특권으로부터 형성되었다. 또한 지주가 19세기
초부터 평균 5% 저하된 토지 임대소득을 충당 할 수 있는 것이 상
업 활동이었다.

　19세기 중반까지 상업 자본은 광업에 직·간접적으로 관련된 소수
지배계급의 경제적 부를 유지시켜주는 중요한 자원이었다. 또한 초보
단계의 상업화는 도시수공업자가 기존사회 질서 내에서 새로운 계급
으로 부상하고 강화되는 계기가 되었다. 상업 활동을 통해 부를 축적
한 그룹은 새로운 지배계급으로 등장했으며, 동시에 지배계급의 양적
인 팽창을 초래했다.8)

---

6) Francisco Leal Buitrago, *op. cit.*, p.81.
7) Frank R. Satnfort, *Comerece and Enterprise in Central Colombia 1821-1870*, Columbia University Ph.D. Dissertation, (1965), p.52.
8) Francisco Leal Buitrago, *op. cit.*, pp.78-82.

이와 같은 과정 속에 개혁주의 모스께라(Tomas Cipriano Mosquera) 정권 등장 이후 식민체제 유지가 경제 활동을 통해 보다 많은 부를 창출하는 데 있어 장애로 작용한다고 인식한 그룹과 개혁이 식민체제로부터 부여받은 계급적 특권을 잃을 수 있다는 우려를 표명한 지배계급 사이의 분열이 시작되었다. 결국 경제적 이해를 중심으로 전개된 지방지도자 간의 정치 투쟁은 전통적인 양당 형성의 계기가 되었다.9) 새로운 정치세력으로 중소 상공업자가 등장하였고, 그들이 전통적인 대농장주와 가톨릭이 제휴한 정치세력에 맞서게 됨으로써 콜롬비아는 정당의 사회적인 기초가 마련되었다.

1840년대 등장한 콜롬비아의 자유와 보수 양당은 소수 엘리트를 중심으로 형성된 정당으로서 자유주의는 식민통치를 거부하면서도 급진적인 개혁을 견제했다. 그리고 자신의 이해에 부합되는 측면에서 서구의 자유주의 사상을 정치적으로 활용했다. 중상주의를 표방하는 새로운 세력이 등장했다 하더라도 이들은 철저하게 기존 체제를 바탕으로 형성된 것이다. 또한 그들은 새로운 권력 창출을 목적으로 하기보다는 정치와 경제적으로 탈 중앙집권화를 지향한 것이었다. 그러므로 콜롬비아의 양당은 보수일변도의 동질성을 띠게 되었다.

자유 보수 양당은 군부와 교회의 역할 그리고 정부형태에 대해 서로 다른 입장을 견지했다. 그러나 자유당이 처음부터 반군국주의 사상을 지지한 것은 아니었다. 군부는 1819년 콜롬비아를 독립으로 이끈 보야까(Boyacá) 전투 승리 이후 아시엔다 가문의 일부를 형성하면서 특권적 정치그룹으로 부상했다. 독립과정에서 군부의 역할이 강화 되자 개혁주의자들은 반 군국주의 사상을 내세우지 않

---

9) *Ibid.*, p.126.

았다. 그러나 군부의 세력이 점차 약화되자 지배 엘리트들은 자유
주의의 반 군국주의 사상을 수용했다. 10)

한편 독립이후 스페인 식민통치 방식을 그대로 도입한 볼리바르
(Simón Bolivar) 체제는 국가의 경제적 독점과 세제정책에 있어서
일부 엘리트들의 반감을 증폭시켰다. 이것은 반볼리바르 체제를 주
장했던 끄리오요 개혁주의자들의 결속을 강화하는 계기가 되었다.
그러나 개혁은 오직 중상주의 정책을 추진하는 데 걸림돌이 되는
제도적 장벽을 철폐하는 것이었다. 자유무역은 전통적인 엘리트들
의 사회지배 강화를 위한 정치적 역할을 수행했다. 개혁의 진행과
정 속에서 최대 수혜자는 농장주와 상인들로서 개혁의 혜택은 자유
주의자들과 보수주의자들에게 차별 없이 분배되었다. 결국 개혁은
특권계급의 부를 극대화하는 데 공헌함으로써11) 초보적 양당형성
과정에서 자유와 보수 양당의 정치적 차별성은 상실되었다.

위에서 살펴 본 바와 같이 상인 계급은 경제적 혜택과 우위를 바
탕으로 등장했으며 이들은 19세기 중반부터 시도된 사회 경제적 개
혁의 부산물이기도 했다. 급진적인 성격의 이 계급은 자유주의를 바
탕으로 정체성을 확립해 나아갔다. 그러므로 개혁주의 정권에서 지
주계급은 정당을 통해 자신의 계급적 이해를 표출하기 시작했다. 12)

콜롬비아의 정당은 사회 통합의 이중적 기능을 수행하면서 내전
을 통해 구조적인 팽창을 도모했다. 또한 정당은 갈등을 통해 경제
문제를 지배적인 정치문제로 부각시켰다. 지역 분쟁을 통해 발생한

---

10) Faletto y Kirkwood, *El Liberalismo*, (Caracas: el Cid, 1978), p.27.

11) James William Park, *Rafael Nuñez and the Politics of Colombia Regionalism 1875-1885*, University of Kansas, Ph.D. Dissertation, (1975), p.11.

12) Gerardo Molina, *Las Ideas Liberales en Colombia 1849-1914*, (Bogotá: Universidad Nacional de Colombia,1970), p.25.

내전은 국가재건 과정에서 사회질서를 유지하는 역할과 동시에 정
당들이 저마다의 정체성을 갖고 공고화되어 가는 기능을 담당했다.
양당의 정치적 정체성은 일반 대중 동원의 방법을 통해 확립되었
다. 넓은 의미에서 볼 때 19세기 콜롬비아의 정치적 혼돈은 실현
가능한 정치 개혁프로젝트를 추진할 수 있었던 유일한 계급인 지주
의 점진적인 실패를 반영한 것으로 볼 수 있다. 결국 콜롬비아의
양당제는 19세기 중반에 발생한 내전과 지역분열을 통해 탄생했다.

양당제의 전개과정

콜롬비아의 자유와 보수 양당은 1849년 상공업자의 지지를 받아
등장한 로페스(José Hilario López) 정부의 출범을 계기로 확립되
었다. 로페스 정부는 담배 독점권 폐지, 원주민 보호구역 철폐, 노
예제도 폐지 및 지방행정분화를 통한 직접세 실시 등 유럽의 자유
주의사상에 입각하여 개혁 작업을 수행했다. 이러한 제도의 변화
속에서 혜택을 기대하는 상인과 시장경제의 혜택을 고려하는 직능
인들 그리고 가톨릭과 국가와의 완전분리를 주장하는 반교권주의자
로 분열되기 시작했다.
1853년 보호주의 정책을 선호하는 직능 인들의 지지로 집권한 오
반도(José María Obando)는 신헌법 제정을 통해 자유무역을 강화하
면서 진보적인 노선을 견제했다. 그러나 그의 개혁의지는 교회와 보
수파의 강력한 반발로 좌절됨으로써 이후 자유무역을 지지하는 보수
주의자들이 정권을 장악했다. 1850년 이후 자유무역을 수호하는 상인
과 보호주의 경향의 직능인의 분화로 분당의 전기가 마련되었다.[13]
1860년 이후 농촌을 기반으로 지속된 내전을 통해 양당의 사상은

대중에게 전파되었다. 자유와 보수라는 이름 아래 지주계급의 이해
에 충실한 도구로 동원된 농민들은 적대세력에 맞서 투쟁했다. 정치
참여에 대한 경험이 전무 하고, 정치의식이 결여되어 있는 일반 대중
은 정당의 정치적 동원 대상이 되었다. 19세기 내전의 진행과정 속에
서 일반 대중은 특정 정당에 대한 선호와 선택이 강요되었다.

1861년 모스께라 장군이 중앙정부에 반발하여 독립을 선언하고
임시 대통령으로 정권을 장악한 이후 20년 동안 급진자유주의시대
가 시작되었다. 국가로부터 교회의 분리가 승인되었고, 종교의 정치
적 복귀를 가능케 했던 1885년 내란이 발발되기 전까지 교회재산의
몰수와 교회의 계급주의를 비판한 자유주의의 입장은 지속되었다.

1880년 온건 자유파와 보수파의 지지로 누녜스(Rafael Nuñez) 정
부가 등장하고 이를 계기로 보수주의 정권은 1924년까지 45년간 권
력을 유지했다. 19세기 전 기간을 통해 지속돼 온 양당의 분쟁은 정
부형태와 교회 역할에 관한 시비로 야기 되었다. 이러한 분쟁은 1930
년대부터 경제문제에 있어 국가의 역할에 관한 논쟁으로 대체되기
시작했다.

1902년 이후 유나이티드 후루츠 컴퍼니(United Fruits Company)
를 비롯한 미국의 기업과 자본이 본격적으로 진출함으로써 콜롬비
아 경제의 미국 종속이 가속화되었다. 제1차 세계대전의 결과로 파
생된 경제적 민족주의는 사회적 대변동의 주요 요인으로 작용했다.
라틴아메리카를 지배해오던 전통적 사회질서는 붕괴되기 시작했고,
농촌 중심의 농업경제에서 포괄적인 도시 및 공업경제로 전환했다.

1920년대 석유부문에 종사하는 도시 프롤레타리아의 저항운동과
1928년 유나이티드 후루츠 컴퍼니가 관리하는 싼따 마르따(Santa

---

13) Gerardo Molina, *op. cit.*, p.39.

Marta) 바나나 농장지대에서 발생한 농민 대량 학살은 민중주의 세력의 결속을 강화하는 계기가 되었다.14) 콜롬비아노조연맹CTC (Confederación de trabajadores en Colombia) 이 조직되고 이를 계기로 도시 프롤레타리아 계층은 결집했다. 자유당 지도자인 뿌마레호(López Pumalejo)는 진보를 위한 혁명(Revolución en Marcha)을 통해 변화된 사회와 경제 상황을 수용하기 위한 개혁을 추진했다. 개혁추진은 도시근로자를 중심으로 한 자유당 지지기반이 확산되는 데 이바지했다. 이러한 상황을 반영하여 1930년에 실시된 대선에서 자유당은 보수당의 장기집권을 종식시켰다. 보수당은 분열되고, 자유공화파의 에레라(Enrique Olaya Herrera)가 승리함으로서 1946년까지 자유당 집권은 16년 동안 지속되었다.

〈표-2〉 1930년 대선의 결과

후　　보	소속정당	득표 수	%
올라야 에에라(Olaya Herrera)	자　유	369.934	44.9
기예르모 발렌시아(Guillermo Valencia)	보　수	240.360	29.1
알프레도 바께스 꼬보(Alfredo Váquez Cobo)	보　수	213.583	25.9
그　외	군소정당	577	0.1
		824.454	100

출처: Diario Oficial, 1930년 4월, Russell W. Ramsey, *Guerrilleros y Soldados*, (Bogotá: Tercer Mundo, 1981), p.87 재인용.

집권 자유당은 산업화와 농업발전을 통한 현대화를 도모했다. 그러나 보수당의 반대로 개혁은 난관에 봉착했다. 개혁에 대한 반발은 특권 계층을 중심으로 확산되었다. 특히 토지개혁법은 보수 세

---

14) Jorge Eliecér Gaitán, *La masacre de las bananeras*, (Bogotá: Los Comuneros, 1972), p.45.

력이 유지해 온 권력과 특권에 대한 도전이 되었다. 토지와 세제를 통해 정치와 경제적 특권을 누려오던 교회의 반발은 거셀 수밖에 없었다. 또한 조세와 노동자 임금 인상에 대한 부담이 가중된 산업 부르주아와 수입상들은 경제에 있어 국가의 지나친 개입을 비난했 다.15)

이와 같이 자유당이 중심이 되어 추진된 개혁은 보수당의 반발로 좌절되었고, 도시를 중심으로 확산된 소요 사태의 직접적인 원인으로 작용했다. 정부에 의해 시도된 초기 공업화 과정과 뿌마레호가 추진한 개혁의 좌절은 좌익집단과 반정부군이 형성되는 계기가 되었다. 고메스(Laureano Gómez)가 중심이 된 극우주의자들은 뿌마레호의 급진자유주의에 대항하여 온건자유주파 대통령이었던 산또스(Eduardo Santos)와 정치적 연합을 시도했다.

1942년 뿌마레호는 새롭게 정권에 복귀했지만 개혁은 지속적으로 추진 될 수 없었다. 제2차 세계대전으로 인해 국제경제의 여건변화로 국내 인플레이션은 심화되었고, 실업을 동반한 경기 위축은 국내경제 상황을 더욱 악화시켰다. 정부는 대중의 기대에 부응하지 못하였고 임기를 1년 앞둔 뿌마레호는 신병을 계기로 까마르고(Alberto Lleras Camargo)에게 정권을 이양했다. 그러나 그 역시 자유당 지지기반인 도시 대중과 농민 그리고 새로운 중간계층의 요구를 수용할 수 있는 개혁을 추진할 수 없었다. 자유당은 분열되기 시작했고 자신의 지지 기반이었던 민중세력의 위협 아래 놓이게 되었다.16)

---

15) Francisco Leal Buitrago, *La Independencia Externa y el Desarrollo Poítico de Colombia*, (Bogotá: Imprementa Nacional, 1970), p.168; 로페스 정부정책에 관한 보다 자세한 내용은 Alvaro Tirado Mejia, *Aspectos Politicos del Primer Gobierno de López 1934-1938*, (Bogotá: Procultura, 1981) 참조.

16) Carlos H. Urán, *Rojas y Manipulación del Poder*, (Bogotá: Carlos

이와 같이 뿌마레호가 제시한 농지개혁안의 실행이 좌절됨으로써
정치적 혼란은 가중되었다. 소수 엘리트집단이 독점하고 있던 부와
권력은 민중에게 정치·경제적 차별과 지속적인 박탈 그리고 좌절감
을 안겨주었다. 그에 따른 민중의 분노가 폭력으로 표출되어 콜롬
비아는 정치와 사회적으로 커다란 시련을 겪게 되었다. 또한 1929
년 대 공항은 콜롬비아 경제 성장에 악영향을 미쳤다. 국제시장 가
격변동에 좌우되는 커피 중심의 1차 단일작물 수출에 의존하던 경
제구조는 심각한 타격을 받았다. 경기침체의 결과로 공업과 금융
그리고 무역에서 대외 종속은 심화되었다.

2. 1946년 비올렌시아

1946년 5월 대통령 선거는 양당의 갈등을 격화시켰다. 자유당의
장기집권 종식과 보수당의 정권 복귀로 인한 반목 그리고 정권의
보수화는 양당의 갈등을 가속화했다. 당시 대선에서 자유당은 레스
뜨레뽀(LLeras Restrepo)와 산또스가 중심이 된 온건자유파
(Oficialista) 그리고 가이딴 중심의 급진자유파(Gaitanista)로 분열
되었다. 그러므로 보수당의 단일 후보인 뻬레스(Mariano Ospina
Pérez)가 정권을 장악했다. 가이딴이 중심이 된 민중주의는 대중의
지지에도 불구하고 민중주의 확산에 대한 우려로 자유당 내의 온건
파가 뚜르바이(Gabriel Trubay)를 또 다른 후보로 내세움으로써 선
거에서 패하고 말았다. 보수당 뻬레스 후보 565,894, 온건자유파 후
보 뚜루바이 437,089 그리고 가이딴 363,049를 득표함으로써 전체

Valencia, 1983), p.24.

투표자의 41% 지지를 획득한 보수당의 뻬레스가 승리했다.[17] 1930
년 에레라 정권을 계기로 시작된 자유당 정권은 16년 만에 붕괴되
었다.

〈표-3〉 1946년 대선의 결과

후 보	소속정당	득표 수	%
마리아노 오스삐나 뻬레스 (Mariano Ospina Pérez)	보 수	565.894	41.4
가브리엘 뚜루바이(Gabriel Trubay)	온건자유	437.089	32.0
호르헤 엘리에세르가이딴 (Jorge Eliecér Gaitán)	급진자유	363.049	26.6

출처: Galvis C. Gómez, *Por qué cayó López?*, (Bogotá: ABC, 1946), p.67.

역사적으로 콜롬비아의 양당 엘리트들은 정당의 패권이 바뀌면서
정치적 불안이 고조될 때 상호 정치적 제휴를 통해 그들의 지배체
제를 유지하며, 강한 동질성을 보이면서 정치적 위기를 극복해 왔
다. 다양한 이데올로기가 허용되지 않는 상태에서 콜롬비아 정당들
은 보수일변도의 정치이념으로 기본 성격을 유지 할 수 있었다.

보수당이 집권했으나 의회는 자유당이 80석, 보수당이 57석으로
여전히 자유당이 장악했다. 자유당의 분열 이후 가이딴은 민중세력
을 규합하여 로뻬스의 개혁프로그램을 재추진하면서 보수정권에 대
항해 나아갔지만 결실을 맺지 못했다. 그 결과 혁명 좌파국민연합
(Unión Nacional Izquierda)이 형성되었고, 급진 자유파는 공산당
과 협력관계를 도모했다.

---

17) Galvis C. Gómez, *Por qué cayó López?*, (Bogotá: ABC, 1946), p.67:
    Antonio García, *La Independencia en la Teoría y en la Práctica*,
    (Bogotá: Cooperativa Colombiana, 1957), p.63.

　가이딴이 이끄는 민중세력은 국가적 차원에서 보수당 정치 존립의 위협 세력이 되었다. 도시인구가 급속히 팽창하면서 자유당은 도시를 중심으로 지지기반이 확산되었다. 1945-1949년 살인적인 물가 상승률은 도시 하층민에게 상대적인 박탈감을 안겨주었다. [18) 이러한 상황 아래 민중의 절대적 지지를 받던 가이딴이 1948년 4월 19일 수도 한 복판에서 암살되자 민중의 좌절은 폭력으로 표출되었다.

　양당의 갈등은 보복적 성격을 띠었고 사회혼란은 심화되었다. 농촌은 멕시코 혁명 이후 라틴아메리카에서 최대의 농민세력이 동원된 시위가 지속되었다. 1948-1953년 사이 전개된 콜롬비아의 민중운동은 당파적 적대심을 바탕으로 한 보복적 성격과 사회불안이 혼합된 무산 계층의 계급 투쟁적 사회운동으로 볼 수 있다.

　보고따에서도 공산당과 콜롬비아노조가 주도한 시위가 연일 지속되었다. 에찬디아(Darío Echandía)를 중심으로 한 자유당은 정국 혼란의 책임을 보수 정권에게 물으며 사태수습을 요구했다. 그러나 계급 투쟁적 성격의 보고따 사태 (Bogotazo)[19) 이후 증폭된 지배계급의 불안은 양당의 엘리트가 보수정권 아래 연합전선을 구축하는 계기가 되었다.[20)

　집권당의 불안정한 정치적 상황을 고려하여 뻬레스 정부는 자유당의 온건파와 제휴한 국가연합(Unión Nacional)이라는 연립내각을

---

18) Gilhodes Pierre, *Las Luchas Agrarias en Colombia*, (Bogotá: El Tigre de Papel, 출판년도 미기재), p.52.

19) 1948년 4월 19일 자유당 대통령 후보인 민중지도자 가이딴이 보고따 시내에서 암살되자 도시를 중심으로 대규모의 폭동이 발생했다. 보고따 사태란 이 사건은 지칭하는 말로서 원어인 보고따소(Bogotazo)를 고유 명사로 사용하기도 한다.

20) *Revista Javeriana*, tomo 29, (1948), p.187.

구성하게 되었다. 그러나 뻬레스 정부의 연립내각은 보수당의 극우 지도자인 고메스의 반대로 실패했다. 양당제휴 정책에 동조하고 연립내각에 참여한 일부 온건파 세력은 정치적 대립과 불안 해소에 큰 기여를 하지 못했다. 그러므로 보수당은 폭력적 방법을 통해 권력기반의 강화를 시도하게 되었다. 폭력을 동원한 보수당의 권력기반 강화는 1930년대 초 자유당 집권동안 자유당원들이 보수당원들에게 가했던 폭력에 대한 원한에 의해 촉진되었다.

시민들은 가이딴 암살의 책임을 물어 폭력적으로 정권에 대항했다. 급진 자유파는 집단안보체제 구축을 위해 미주지역 군사동맹을 목적으로 개최된 제9차 보고따 미주회의를 반대하며 시위를 벌였다. 정부는 "공산주의자들은 가면을 쓴 자유당원들로서 국내 폭력사태의 주범이다"라는 비난과 함께 "공산주의자들은 이렇게 엄청난 비극을 단독으로 꾸미기에는 너무도 세력이 약하다"21)면서 자유당을 공산주의와 동일선상에서 이해했다. 1948년 4월 10일 콜롬비아 정부는 국내 소요 사태에 대처하기 위해 법령 1239호를 통해 계엄령을 선포하고 소련과의 국교도 단절했다.

자유당 당수 에찬디아는 콜롬비아 비올렌시아 과정에 개입한 미국을 비판했다. 그는 보고따 사태로 제9차 미주회의가 연기 되자 "정화작업(Trabajos de Limpieza)"이라는 명목 하에 자신의 위원단을 보호한다는 구실로 "미국 전투기가 보고따 공항에 착륙했으며 탱크와 지프 그리고 미군이 상륙했다"22)고 회고했다.

보고따 사태에 관해 심도 있게 연구한 콜롬비아 정치학자 알라뻬(Arturo Alape)의 연구를 바탕으로 가이딴 암살의 배후는 첫째 콜롬비아의 과두지배그룹, 둘째 미국의 CIA 그리고 마지막으로 가이

---

21) *Revista Javeriana*, tomo 30, (1948), p.218.
22) *Revista Javeriana*, tomo 30, (1948), p.156.

딴 광신자들의 고립된 행동 23)으로 정리해 볼 수 있다.

군부는 1948년 4월 9일 민중 지도자인 가이딴의 죽음 이후 확산된 대규모의 반정부 폭력 사태를 계기로 정치적 개입을 시작했다. 확립된 경제 사회 제도의 수호자로서 군부의 역할은 깨지기 시작했다. 정부의 보수화 과정에서 퇴역한 자유당 출신 장교들에 대한 정부의 감시가 시작되었다. 또한 당시 국방 장관이었던 소우르디스 (Evaristo Sourdís)가 군 수뇌부에 대해 대대적인 파면인사 조치를 단행했다. 1946년 말 이후 양당의 갈등구조 속에서 군부는 고도로 정치화된 새로운 모습을 갖추기 시작했다. 그러나 보수당과의 밀접한 관계유지에도 불구하고 군부는 내부적으로 각자의 선호 정당에 따라 정치적 입장을 달리함으로써 분열되어 있었다.

민간정치구조와 제도가 실패하고, 각기 정견을 달리하는 파벌주의가 만발하자 정치질서는 극도로 비합법적인 상태가 되었다. 정부는 이러한 정치적 위기에서 탈피할 목적으로 군을 동원했으며 군은 1948년 4월 보고따 사태 이후 보수체제의 수호자로 전환되었다. 24) 군부는 국가의 위기 상황에서 정부의 요구에 의해 정치적 개입을 시작했다. 오스뻬나 집권 이후 군부는 보수당에 의해 그 위상이

---

23) *Revista Javeriana*, tomo 38, (1952), p.12; 가이딴 암살에 관하여 보다 자세한 내용은 Gilberto Vieira, *9 de Abril, Experiencia del Pueblo*, (Bogotá: Suramérica, 1973); Cuellar Vargas Enrique, *13 Años de Violencia*, (Bogotá: Cultura Social, 1980); Eduardo Santa, *El Bogotazo: Qué Pasó El 9 de Abril*, (Bogotá: Tercer Mundo, 1952); Alvaro Tirado Mejía, "Gaitanismo y 9 de Abril", *Primer Seminario Nacional sobre Movimientos Sociales*, (Bogotá: Universidad Nacional de Colombia, 1982) 참조. 이러한 연구를 종합해 보면 가이딴 암살과 공산당과는 아무런 관계가 없음을 발견할 수 있다.

24) Russell W. Ramsey, *Guerrilleros y Soldados*, (Bogotá: Tercer Mundo, 1981), pp.120-127.

높아졌다. 국가예산의 7.5%로 책정되던 군 예산은 15%로 상승하였
고 미국의 직접적인 군사지원도 시작되었다.[25]

비올렌시아 당시 콜롬비아는 대지주와 무산 농민 사이 계층의 양
극화를 통해 정치는 극도로 불안했다. 지배적 경제특권 계층은 독
점하고 있는 중요한 재원을 보호하기 위해 군부에 의존함으로써 군
부의 지위는 강화되었다. 더욱이 고도로 계층화된 사회에서 군대는
사회적으로 크게 성공할 수 있는 출세의 관문으로 야심 있는 젊은
이들은 군을 정치적 경력의 수단으로 이용했다.

군부가 보수 정권의 정치적 도구로 전락한 반면, 당시 경찰은 상
황이 달랐다. 경찰은 반란 진압에 동원되었지만 자유당과 관계를 유
지하면서 시위진압에 무기를 사용하지 않았다. 수도방위 제5사단의
경우 상부의 시위진압 명령을 따르지 않았고, 경찰이 보수당의 사병
조직으로 전락한 상황에 대해 언성을 높였다. 일부 경찰은 민중 반
란에 동조하였고, 일부는 반란자들에게 무기를 건네주기도 했다.

이와 같이 한국전 참전 이전 콜롬비아의 국내정치는 대통령 선거
를 계기로 시작된 양당의 폭력적 갈등으로 인해 국가 기관이 붕괴
되고 행정력은 마비되어있었다. 또한 국가는 정치 사회적 불안을
효율적으로 통제할 수 있는 권력과 능력도 상실하고 있었다. 1946
년 시작된 폭력 사태는 1930년에 재집권한 자유당의 정권변동기에
발생한 폭력과 유사했다. 보수당의 분열로 정권을 장악했지만 의회
에서 다수 석을 확보하지 못했던 자유당은 농촌 지역을 중심으로
폭력적 방법을 통해 권력기반을 다졌다. 이것은 양극화된 정치구도
에서 발생한 전통적인 폭력적 정치 갈등의 형태였다.

1930년 에레라 정권은 야당과의 제휴정책을 효율적으로 이용하여

---

25) Carlos H. Urán, *op. cit.*, p.30.

반대세력의 강력한 정치적 반발을 경험하지 않으나, 1946년 선거에
서 양당의 제휴는 큰 결실을 맺지 못했다. 가이딴을 중심으로 하는
자유당의 비타협적인 반대세력은 국가적 차원에서 보수당의 정치적
위협세력이었다. 그러므로 자유와 보수 양당의 폭력적 갈등은 보복
적 성격이 강하게 작용했다.

1880년 10만 명의 대량 인명피해가 있었던 천일전쟁(Guera de
los Mil Dias) 이후 보수와 자유 양당의 갈등으로 발생한 정치폭력
사태로 인해 1946-1953년 사이 24만 명이 정치적 암살을 당하는
등 비올렌시아로 인한 직접적인 인명피해는 백 이십만 이천 명에
이르렀다.[26] 이러한 인명피해는 1930-1931년 사이 자유당파 농민
들이 보수당파 농민들에게 가했던 폭력을 그대로 행사함으로써 양
당 간의 끝임 없는 보복을 통해 발생했다.

〈표-4〉 1930-1950년 사이 대통령 명단과 소속정당

기 간	보수당	자유당
1930-34		올라야 에레라 (Olaya Herrera – 온건파)
1934-38		로뻬스 뿌마레호 (López Pumalejo – 급진파)
1938-42		에두아르도 싼또스 (Eduardo Santos – 온건파)
1942-45		로뻬스 뿌마레호 (López Pumalejo – 급진파)
1945-46		예라스 까마르고 (LLeras Camargo – 온건파)
1946-50	오스피나 뻬레스 (Ospina Pérez – 온건파)	
1950-51	라우레아노 고메스 (Laureano Gómez – 극우파)	

---

26) Guillermo Garces Contreras, *Los Grandes Problemas de América
    Latina*, (México: CELA, 1965), pp.54-55.

III. 한국전 참전의 요인

콜롬비아군의 한국 파병은 미국과의 관계에 중대한 영향을 미쳐 콜롬비아는 한국에 파병 기간 동안 미국에 대해 자기주장을 제기할 수 있었다. 또한 군사 및 경제적 지원을 더욱 적극적으로 요구할 수 있었다고 평가할 수 있다. 본 장에서는 자국민의 희생을 전제로 파병을 강행한 콜롬비아 정부의 참전결정 동기로써 콜롬비아 사회의 구조적 위기를 분석해 보고 미국과 콜롬비아의 관계에서 콜롬비아는 미국의 영향력에 어떻게 적응하면서 외교의 근본 목표인 국가이익을 추구했는지 고찰해 본다. 콜롬비아는 한국 파병의 외교정책 결정이라는 중대과제를 미국의 파병 요구라는 외부적 요인과 국내정치 요인과의 연관관계에서 어떻게 다루었는지를 중심으로 살펴보고자 한다.

1. 대외적 요인

콜롬비아의 대외관계는 미국이 국제문제를 어떻게 규정하느냐에 따라 진행되었고 미국의 새로운 정책에 순응하면서 기존에 형성됐던 정책의 방향을 바꾸고 조정했다. 제2차 세계대전 이후 미국은 국제정치의 특성을 공산주의와 자유세계의 분쟁으로 규정하고 공산주의 측에 침략된 국가는 자유세계와의 투쟁에 있어서 공산권의 세력을 강화한다고 생각했다. 미국은 외교정책에 있어서 국익의 지침을 반공주의의 실천에 두었다. 그러므로 제2차 세계대전까지 수동적이고 소극적인 자세로 일관해 오던 콜롬비아의 외교정책은 세계대전 이후 냉전체제로 인한 새로운 국제상황에 어떻게 대처할 것인가를 중심으로 전개되었다.

콜롬비아 대외정책의 기본방향은 강대국의 무력행사에 제한을 가하면서 국제연맹, 국제연합과 미주기구(OEA: Organización de los Estados Americanos) 등 국제 질서와 평화를 보장하기 위한 국제기구의 활성화였다. 국제기구를 지지함으로써 군사 및 경제적 지원을 받아내며, 특히 타국의 국내문제에 대한 불간섭 원칙을 고수하기 위해 노력했다.

콜롬비아 외교정책의 주요 원칙 중 하나는 국제법 준수이며, 대외 활동에서 이념적인 문제는 중요한 위치를 차지하지 못했다. 비록 양당의 정치적 갈등으로 격화로 정치 폭력 사태를 겪었지만, 2차 세계대전 이후 공산주의 위협 아래 콜롬비아의 대외문제는 반공주의 노선을 기조로 양당의 합의에 의해 운영되었다. 대외정책 역시 콜롬비아의 전통적인 정치 형태인 양당엘리트의 제휴와 동맹 경향과 무관하지 않았다.[27)]

이와 같이 콜롬비아는 제2차 세계대전 이후 새로이 전개된 국제정치 상황에서 UN과 미주기구와 같은 국제기구와의 협력을 통해 반공주의노선을 기조로 대외정책을 수행했다. 반공주의 대외정책은 미국의 공산권 대외정책과 보수 정권의 반공주의 노선이 일치되는 것이었지만, 한편으로는 미소 냉전체제에 따른 시대적 상황을 반영한 것이기도 했다. 또한 1945년 콜롬비아가 UN 창설과정에서 능동적인 외교 활동을 전개했던 것은 UN 문제에 대하여 미국과 협조하

---

27) Fernando Cepeda Ulloa and Rodrigo Pardo García, "Relaciones Internacionales y Movimientos Sociales", *Nueva Historia de Colombia III*, (Bogotá: Planeta, 1989), pp.9-11.

는 것이 전후복구 사업과 낙후된 국내경제 개발을 위해 미국의 경제, 기술 원조를 얻을 수 있는 유일한 조건으로 판단했기 때문이었다.[28]

1950년 한국전쟁의 발발은 서반구의 집단안보체제가 최초로 그 효력을 시험하게 된 사건이었다. 한국전을 소련의 지원 하에 남한의 적화를 기도한 공산세력의 팽창적 전쟁으로 인식한 콜롬비아 정부는 자유세계의 안전이 위협 당하고 있다고 간주한 미국의 시각과 함께 했다. 샌프란시스코 오페라 극장에서 이루어진 트루먼 대통령의 연설을 인용하여 "미국 민주주의의 위대한 목표는 평화의 상징인 국제기구와 일맥상통 한다"[29]면서 콜롬비아는 미국의 새로운 정책에 동조했다.

자유주의 신문인 호르나다와 엘 에스펙따도르 그리고 보수주의 신문 에꼬 나시오날과 디아리오 데 콜롬비아는 한국전쟁의 국제적 요인을 강조했다.[30] 보수신문은 소련을 중심으로 한 국제공산주의가 중공의 UN 가입 승인을 위한 전략의 일환으로 서구 민주주의국가에 대항하는 내란을 주도하고 있다고 평가했다. "중공의 군사개입은 UN 가입 승인을 목적으로 국제사회를 힘으로 위협하는 것뿐 다른 목적은 없다."[31]

1950년 1월 소련은 UN 안보리에서 탈퇴했다. 이것은 중공을 가입시키려 했지만, 모택동 정권을 국제기구 밖으로 몰아내려던 의도에 대한 항의로 새로운 공산국가 주도형 기구 설립을 위해 UN을

28) Norman A. Bailkey, *Latinamerica: Politics, Economics and Hemisphere Security*, (New York: Frederick A. Praeger, 출판년도 미기재), p.150.
29) *El Tiempo*, 1950년 10월 22일, p.4.
30) *Jornada*, 1950년 12월 1일, p.4; *El Espectador*, 1950년 7월 9일, p.4; *Diario de Colombia*, 1950년 9월 15일, p.4.
31) *Eco Nacional*, 1950년 11월 30일, p.4.

탈퇴한 것이었다. 엘 에스펙따도르의 사설은 중국이 아시아 공산혁명의 연장으로서 한국전쟁을 추진하며, 중공이 미국에 의해 승인되고 국제연합에 가입되었더라면 한국전쟁은 없었을 것이라고 보도했다. "[32]

1948년 국민당 붕괴와 함께 중공이 정권을 장악했다. 중국 지도자들은 국제공산주의 운동에 있어서 중국의 단결된 독립 또는 최소한의 자주성을 주장할 계획이었다. 그러나 폐허화된 중국의 경제를 재건하고 잠재적인 미국의 위협 앞에 중국의 안전을 보장하기 위해 밖으로부터의 도움이 요구되었다. 이때 스탈린이 접근했다. 그리고 모택동은 미국과의 관계가 다소나마 개선될 전망이 거의 없어졌기 때문에 소련 일변도의 정책으로 기울게 되었다. 그러나 무엇보다도 모택동은 소련의 안보 공약이 필요했다. 소련은 중국과의 일정한 관계가 유라시아 대륙에서 사회주의 진영을 우세하게 하는 이점이 있었으나, 다른 한편으로는 중국에 대한 소련의 의무도 무거워짐을 의미했다.

엘 띠엠뽀는 공산주의 진영이 내부적 결정과정에서 각국의 실리에 충실함으로써 양분되고 있다고 평가했다. "소련과 중공 양국의 실리는 한국전쟁 현 상황에서 양분한다. (……) 또한 모스크바에서 개최된 장관급 회담 참석자들은 중국정부가 러시아에 대항해 독립을 시도한 사실을 기억한다."

칼럼이스트인 술레따(Luis de Zuelta)는 사설을 통해 다음과 같이 언급했다. "세계 공산주의는 지금 현재 새로운 전환이 요구되고 있다. 같은 맥락으로 소개되는 공산주의 정책은 모스크바와 베이징 정부 각각의 실리가 시대적 상황에 의해 일치되었을 따름이지 양국

---

32) *El Espectador*, 1951년 4월 27일, p.4.

이 지향하는 독트린 일치에 의해 유지된 태도는 아니다."[33]

그러나 보수주의 신문은 국제공산주의가 설사 각자의 입장 차이로 분열되는 양상이 있더라도 소련과 중공 사이에 존재하는 공동의 이해를 강조하면서 중공은 소비에트 연방에 의해 움직이는 위성국임을 지적했다. "우리들은 자신을 속여서는 안 된다. 남한에서 활약하는 UN군에 맞선 중공의 군사개입은 세계전쟁이고 이유는 명확하며 단순하다. 중공의 개입은 소련의 위성국으로서 분담된 역할수행 차원에서 촉발 된 것이지 자발적인 행동은 아니다. 기회의 시간에 서구 민주주의 진영에 대해 마지막 충격을 가하기 위한 소련의 꼭두각시 국가들의 행동은 미국의 출혈을 갈망하는 러시아의 군전략 아래 진행되고 있는 것이다."[34]

북한의 공격은 1949년 8월 소련의 원폭 실험으로 가장 강력한 무기에 대한 미국의 독점을 종식시키고 그 해 말 중국공산당이 본토로부터 국민당을 축출하던 1950년 초 중공과 소련 동맹이 체결되어 미 정부가 국제관계 안전에서 경악을 더해가던 시기에 발생했다. 1949년 가을까지 마샬플랜이 이행되었고 북대서양 조약기구 NATO와 독자적인 서독 정부가 출범했다. 서유럽을 위한 미 의회의 군사 원조 안 가결 등은 당시 소련이 그의 동맹국을 단결해 미국에 대응할 수 있는 적절한 조치 마련이 필요한 시기였다.

한국전쟁은 북대서양조약기구 NATO 창설을 계기로 유럽에서 가중되는 미국의 군사적 압력을 극동으로 분산시키기 위해 소련에 의해 시작됐다. 또한 중국 대륙의 공산화에 이어 북한의 남침으로 남한 적화에 성공함으로써 미국의 위신을 떨어뜨리고 소련의 무력을 과시하면서 아시아의 다른 지역의 공산세력을 고무시키려 했다.[35]

---

33) *El Tiempo*, 1952년 7월 16일, p.4.
34) *Eco Nacional*, 1950년 11월 8일, p.4.

한국의 공산주의 침략은 소련연방 지휘 아래 진행된 것으로 중국에 의해 구체화되고 실행된 마르크스와 레닌 전체주의의 팽창을 의미하는 것이며 세계평화를 위협하는 것이라는 입장은 여야 모두 동일했다. 결과적으로 콜롬비아는 한국전쟁을 미·소 지원하의 한국의 적화를 기도한 공산세력의 팽창적 전략전쟁으로 인식했다.

공산주의 팽창위협에 관해 주간지 세마나는 서구 자유민주주의 진영의 강한 결속을 촉구했다. "서구진영에서 단지 미국만이 공산주의 팽창에 대한 군사적 의지와 노력을 갖고 있으며 UN의 나머지 회원국들은 약속뿐 실제적으로 UN의 요청에는 적극적인 행동을 유보하고 있다."36)

콜롬비아 여론은 유럽이 한국문제를 둘러싸고 진행된 서구사회의

---

35) *Vanguardia Liberal*, 1950년 7월 6일, p.3: 1970년대에 들어와 한국전쟁을 둘러싼 수정주의적 해석이 광범위하게 제시되었다. 제2차 세계대전 이후 미국의 아시아정책을 수정주의적 입장에서 비판한 논문들을 모아 프리드맨(Edward Friedman)과 셀든(Mark Selden)이 공편한 미국의 아시아 (*Americas' Asia: Dissenting Essays to Asian-American Relations*, New York: Vintage Books, 1971)는 한국전쟁의 기원에 관한 전통주의적 해석을 수정주의 시각에서 비판하였다. 그 대표적 인물이 영국의 기팅스(John Gitings)로서 그는 전통주의자들의 소련 음모설과 중국의 공모 설을 철저히 부인했다. 이후 수정주의자들은 한국전쟁의 개전에 관해 스탈린 주도 설을 전면 부인한 분석과 미국에 의한 북침 설 또는 미국의 북침 유도 설을 제시하였다. 이러한 수정주의 학파의 해석은 오히려 전통주의자들의 공격의 대상이 되었다. 그러나 전통주의자나 수정주의자 모두 미·소 관계에 집착한 나머지 양국이 대결하고 있는 지역들의 개별적인 내부사정에 주목하지 못했다는 비판을 받게 되었다. 국내적 요인으로 관심을 전환한 수정주의자들은 남북한 사이의 군비경쟁이 한국전쟁의 발발을 가져왔고, 이승만의 북진통일론이 북한의 대남 도발을 촉발시켰으며, 남한에 대한 미국의 군사공약의 강화가 북한을 자극했다는 새로운 해석을 제시하였다. 김철범, 제임스 메트레이 엮음, 한국과 냉전: 분단과 파괴와 군축 (서울: 평민사, 1991), pp.33-54.

36) *Semana*, 1950년 7월 29일, no.197, p.15.

논의과정에서 부여된 군사적 역할을 담당해야 한다고 언급했다. "양극화된 냉전의 체제 속에서 비롯되는 소련의 독점적인 행동에 유럽은 동조하지 않는다. 아시아에서 발생한 전쟁이 세계 정치질서를 파괴하는 사건으로서 유럽인에게 의미를 가져야만 한다. 결과적으로 아시아 분쟁에서 유럽은 수수방관 할 수만은 없다. 유럽은 아시아에서 발생한 사건 또는 반향에 대해 예외일순 없다."[37]

또한 서구세계가 한국에서 공산주의 팽창을 저지하는데 실패할 경우 공산전체주의 위협에 있어 유럽 대륙은 안전지대가 아님을 강조했다. "유럽은 제5열(Quinta Columna)[38]에 의해 준비되고 있다. 프랑스는 공산주의에 의해 지배당하고 있다. 이탈리아는 이러한 길로 가고 있다. 영국 역시 팽창의 시점에 있다. 침략은 24시간의 문제다."[39]

한편 유럽은 미국의 대외정책을 기회주의로 분류하고 미국의 군사전략을 통해 미국의 대아시아 정책의 부적실성을 비판했다. 세계 평화를 유지하기 위한 수단으로써 유럽의 재무장을 강조하고 있는 미국의 대외정책은 대남 적화 무력침략의 대응에 있어 그 비효율성이 공군의 능력에서 드러났다고 강조했다. "동유럽 국가들은 항공 면에서 볼 때 반격가능성은 거의 없으며, 유럽 외상들은 공산주의 침략 대응에 있어 연합군의 공군력은 확실히 역부족임을 실감했다.

---

37) *Vanguardia Liberal*, 1951년 1월 23일, p.3.
38) 제5열(Quinta Columna)은 전쟁 중에 적 내부에 침투하여 파괴공작과 첩보활동 등으로 후방을 교란시키는 사람들을 말한다. 1936년 스페인 내전 때 4개의 부대로 구성된 반란군이 정부 측이 방어하는 마드리드를 포위하고 공격하였다. 이때 프랑코(Francisco Franco:1892-1973) 장군이 시내에도 반란군에 호응하는 세력이 침투해 있다고 선전하면서 이것을 제5열이라고 일컬은 데서 유래하였다. 제5열은 일반적으로 적과 내통하는 사람들을 말할 때 쓰인다. *http://kr.yahoo.com*
39) *Vanguardia Liberal*, 1951년 2월 8일, p.3.

(……) 한국전쟁에서 중. 단기적으로 발생할 가능성이 있는 서구의 부적절한 공군의 대처 능력 면에서뿐만 아니라 수적으로 우세한 공산군을 저지하는 데 있어 의미가 없는 것이다."[40]

또한 한국전에 대한 미국의 군사, 경제, 그리고 정치적 대응은 불완전한 것으로 묘사했다. "만약 루즈벨트가 권력을 장악하고 있었다면 한국전쟁을 발발하지도 않았을 것이고, 중국과 독일에서도 문제가 발생하지 않았을 것이다. 아시아에서 발생한 세계 분쟁에 대한 루즈벨트의 군사, 경제 그리고 정치적 대응은 어떤 경우든지 스탈린과 처칠을 압도했을 것이다."[41]

엘 리베랄은 1950년 9월 10일 독일 컬럼이스트 위너(Percy Winner)의 말을 인용하여 한국전을 계기로 추진된 미국의 대외정책에 대한 유럽인들의 불신을 표명했다. " 유럽이 (……) 신뢰하는 평화에 기초한 안보 정책의 관점에서 볼 때 미국의 대외정책이 많은 이들의 우려를 낳고 있다는 것을 인식해야만 한다. (……) 유럽인들에게 있어 미국의 대외정책은 적절한 것으로 평가되지 않고 있다."[42]

또한 유럽은 미국의 대극동정책이 세계평화를 유지하는 방향에서 진행되어야 하며, 미소 양국의 외교와 군사정책은 모든 수단을 동원해서라도 무력 충돌의 가능성을 피해야 한다고 강조했다. 미 외교정책에 대하여 "미국은 한국 사태의 처리를 과정에서 필요 이상의 전술과 독점적인 군사적 행위를 통해 파괴적인 무력 사용에 의지하고 있다"[43]면서 유럽 국가들은 무력 사용을 통한 미국의 국제

---

40) *El Tiempo*, 1950년 6월 6일, p.4.
41) *Vanguardia Liberal*, 1950년 7월 29일, p.3.
42) *El Liberal*, 1950년 9월 19일, p.4.
43) *El Liberal*, 1950년 9월 10일, p.4.

문제 해결 방식을 비난했다.

　미국의 대외정책에 대한 유럽인들의 이러한 입장에도 불구하고 콜롬비아의 여론은 서유럽 국가들이 공산주의 위협 앞에 어떻게 미 외교정책에 동조해야 하는지를 강조했다. " 전후 복구과정에서 서 유럽 국가들은 미국과 군사동맹을 통한 강력한 군사력을 바탕으로 소련의 지휘아래 진행되고 있는 공산주의 팽창정책에 대응하여 민 주주의 수호를 위해 투쟁해야 한다."44) 또한 유럽은 "제2차 세계대 전 이후 내부가 아닌 외부의 확실하고 잠정적인 전체주의 위협으로 부터 대처해야한다"45)고 강조했다.

　방구아르디아 리베랄은 "유럽은 영국과 프랑스가 중공의 군사 개 입을 자극하지 않기 위해 공동으로 추진하는 전략을 통해 아시아 지역 분쟁에 대한 책무를 회피할 수 있는 모든 방법을 동원했다"46) 고 비난하면서 서유럽 국가들의 미온적인 태도에 대해 국제 안보와 평화의 중요성을 강조했다. "한국전쟁을 계기로 UN의 민주적 원칙 에 의거하여 시작된 UN의 소집은 세계적 수용의 첫 경우이다. 유 럽은 민주주의와 자유를 수호하기 위해 한국 분쟁에 자국군을 동원 하여 UN의 원칙에 충실하고 세계 정치 질서를 유지해야 한다. 즉 합의한 질서를 수호하고, 힘의 균형을 유지하기 위해 부여된 책무 를 수행하는 배우"47)로서 유럽 국가들의 역할을 규정했다.

　콜롬비아의 여론은 한국전쟁이 국지화되지 않고 국제화된 것은 냉전이라는 요인이 작용했기 때문이며, 한국전쟁은 크레믈린의 세 계정복을 위한 첫 걸음으로 평가하고 동서 냉전의 구도 속에서 한

---

44) *Eco Nacional*, 1950년 12월 6일, p.4.
45) *El Tiempo*, 1952년 9월 2일, p.4.
46) *Vanguardia Liberal*, 1951년 3월 4일, p.3.
47) *Ibid*.

반도의 지정학적 중요성에 대해 강조했다. 방구아르디아 리베랄은 한국전쟁을 스탈린이 세계적화를 실현하기 위해 무기사용의 합법화를 모색한 야만주의의 전형적 경우로 묘사했다.[48]

1951년 3월 워싱턴에서 콜롬비아는 라틴아메리카 지역이 미국의 반공주의 정책에 동참해줄 것을 촉구하며 미주 외상회의 소집을 주도적으로 이끌었다. 콜롬비아는 UN 총회 회장국으로 활동했다. 당시 콜롬비아의 외상인 앙헬(Zuelta Angel)은 UN 준비 위원회 위원장으로 선출되었다. 또한 1946년 라틴아메리카 국가 중에서 처음으로 UN 경제 사회 이사회의 회원국이 됨과 동시에 재무장관이 경제 사회 이사회에서 의장으로 활약하는 등 UN에서 콜롬비아의 활약상이 두드러졌다.

콜롬비아는 국제 분쟁 해결을 위한 UN의 역할을 강조했다. 역내 분쟁의 조정자로서 또는 미주기구가 지닌 한계를 극복해주는 기구로서 UN의 기능에 기대를 걸었다. 그리고 콜롬비아는 UN에서 동서냉전문제에 직면했을 때 미국과 강력한 유대를 과시했다. 한국전과 관련하여 콜롬비아 정부의 주도적인 참여는 미국과의 관계강화를 위한 노력의 일환임과 동시에 콜롬비아의 반공주의 노선과 미국의 공산권 대외정책이 일치되는 것이기도 했다.

콜롬비아 정부가 한국전쟁을 계기로 추진한 대공산권 외교정책은 1951년 발송한 법령 1385호에 반영되어 있다. "현재 중공과 북한에 의해 진행되고 있는 침략 전쟁에서 양국에게 유리하게 작용할 수 있는 전략적 원료의 수송을 금지한다."[49] 또한 1951년 8월 28일 법령 제1802호를 통해 "(……) 소비에트 영향지역으로 이해되는 국

---

48) *Vanguardia Liberal*, 1950년 7월 12일, p.3.
49) *Diario Oficial*, 1951년 8월 28일, p.1.

가를 상대로 한 전략적 원자재 수출을 금지 한다"[50]고 발표했다.

자유주의 일간지 디아리오 데 콜롬비아는 소련이 아시아 지역에서 자유와 평화 유지에 관한 국제적 협약을 무시하고 세계적화와 스탈린의 개인적 야심을 드러내고 있다고 보도했다.[51] 또한 한국전쟁을 소비에트 공산주의와 아시아 공산주의의 세계적화를 위한 첫 걸음으로 평가했다. "공산주의는 자본주의가 존재하는 한 전쟁은 발생한다는 변명과 함께 자본주의 국가에서 프롤레타리아는 자본주의의 억압으로부터 자유로워져야 되기 때문에 국제적 차원의 사회주의 팽창은 정당하고 합법적이라는 입장을 견지한다. 또한 소련은 공산주의와 자본주의가 일정한 상호 관계의 범위 내에서 공존이 가능하다고 생각하나 이러한 질서가 유지되지 않는다면 서로 다른 세력을 제압할 수 있다는 입장"[52]을 인용하여 한국전쟁이 국제적 성격을 띤 특이한 형태의 내전임을 강조했다.[53]

극동 지역에 대한 스탈린의 대외정책은 우선 소련 국내에서 자신의 정권 유지를 강화하고 둘째 위성국가에 대한 영향력 증대 및 유

---

50) *Ibid.*
51) *Diario de Colombia*, 1952년 11월 1일, p.4; *Eco Nacional*, 1950년 12월 12일, p.4; *Sábado*, 1952년 1월 26일, p.4.
52) *El Tiempo*, 1952년 10월 8일, p.4.
53) 미국의 뉴멕시코주립대 매트레이(James Matray) 교수는 일종의 내전: 한국전쟁의 국제적 기원에서 한국전쟁은 일차적으로 36년간 식민지 통치를 실시한 일본 및 냉전 상황에서 전쟁도발의 수단을 제공한 미국과 소련에 책임이 있고, 식민 통치 후 분단이라는 구조와 미·소 양국의 지원이 내전을 유발시키는 결정적인 역할을 했다고 주장했다. 또한 존 메릴(John Maril)은 한국전쟁의 기원: 대답 없는 질문에서 한국전쟁의 성격을 북한의 남침에 의한 침략전쟁이자 민족해방전쟁이라고 규정하고, 한국전쟁의 형태는 미국과 중공의 개입으로 인한 국제전이 되었고, 한반도 내 좌우익 간의 투쟁의 격화로 내전적 성질을 동시에 지니고 있다고 하였다. 김철범, 제임스매트레이, op. cit., p.19.

럽 지역에서 미국의 주의력과 지원을 분산시키는 것으로 콜롬비아의 여론은 인식했다. 방구아르디아 리베랄과 엘 빠이스는 한국전을 다음과 같이 평가했다. "소비에트 제국주의는 소비에트 독재를 현재 행동으로 보여주고 있다. 중국과 (……), 한국 (……), 루마니아, 폴란드와 유고슬로바키아와 그 외 국가에서 발생한 최근의 사태처럼 (……)."[54] "한국전은 국제무대에서 미국의 위신을 꺾기 위한 소련의 속임수다. 아시아에서 미군의 실패로 인해 이미 유럽에서는 전후 러시아에 의해 절대적 통제를 받게 될 세상에 대비하여 미군 철수가 시작됐다."[55]

또한 콜롬비아 여론은 한국전쟁을 계기로 UN에서 논의된 평화안은 제3차 세계대전을 유발할 수 있고, 국제무대에서 공산주의 팽창 의지를 검증할 수 있는 기회가 된다고 평가했다. 평화 논의가 공산주의에 의해 어떻게 무산되는가를 현 상황은 단적으로 보여준다고 언급했다. "소련 소비에트 제국주의의 의도는 분명하다. 서구 세계의 설득을 거부하는 그들의 의도는 그들이 쓰고 있는 평화와 공공복리라는 가면 뒤에 숨어 있다."[56]

크레믈린에 의해 지휘되고 조종되는 국제공산주의 팽창정책을 비난하는 데 있어 콜롬비아의 국내 여론은 같은 입장을 취했다. 공산주의 팽창은 결국 국내 정치적 불안을 초래할 것이라는 위기의식을 표명하고, 미국은 민주주의의 자유와 권리의 수호자로서 묘사하여 공산 적대세력의 위협을 파병의 명분으로 강조했다.

콜롬비아의 여론은 "소련으로부터 계획되고 실행된 모스크바의 팽창주의 정책은 공산주의 침략을 정당화하고 합법화하기 위한 모

---

54) *Vanguardia Liberal*, 1950년 7월 4일, p.4.
55) *El País*, 1950년 9월 17일, p.2.
56) *El Tiempo*, 1950년 7월 21일, p.4.

든 수단을 동원"[57] 한다고 보도했다. "한국전쟁 발발 전날 모스크바의 명확한 지원 아래 스톡홀름에서 개최된 세계평화회의를 계기로 조직된 평화 위원단들은 유명하다."[58] 또한 "소련의 역할은 거부권을 행사하여 UN의 평화 논의를 방해하는 것이며 중국 당국의 무력 도발을 자극하는 것"[59]으로 인식했다.

아시아에서 전통적으로 가장 영향력 있는 국가임을 자부하는 중국은 한국전에서 북한을 도움으로써 당시 모택동의 인민전술 혁명에 입각한 팽창정책으로 아시아 적화 야욕에 불타고 있다고 콜롬비아 여론은 평가했다. 이러한 중공 위기론은 여론에 수차례 언급되었다. 엘 띠엠뽀는 사설에서 외형적으로 공격적이지 않던 중국이 제2차 세계대전 이후 국제무대에서 강대국으로 부상하고 있음을 강조했다. "중국은 전쟁을 지지하는 위험 후보에 속하지 않았다. 그러나 제2차 세계대전 이후 현재 중국은 국제무대에서 진행되는 긴박한 상황 속에서 군사력과 무기의 역할에 관심을 갖으며 성공의 가능성을 모색하고 있다."[60]

"아시아 대륙에서 발생한 일련의 사건과 인도와 인도차이나가 영국의 속박으로부터 벗어나면서 집중적으로 부는 자유의 바람은 결과적으로 중국이 아시아무대에서 강자로 등장하는 계기가 되었다. 그리고 국제무대에서 아시아 대륙이 부상하는 결과를 초래했다."[61] 또한 "한국전쟁에서 서구와 미국 영향 지역인 남한에 대해 도발적 침략행위를 자행한 북한군을 지원한 비인간적인 중국은 아시아 대륙 방어를 위해 38선 이북 공산군에 맞서 저항하고 있는 UN 연합

---

57) *Jornada*, 1950년 11월 9일, p.3.
58) *El Tiempo*, 1952년 10월 5일, p.4.
59) *Vanguardia Liberal*, 1951년 6월 24일, p.3.
60) *El Tiempo*, 1950년 11월 13일, p.4.
61) *Ibid.*

군의 노력을 곱지 않은 시선으로 바라본다."[62]

엘 리베랄은 중공이 북대서양 조약기구 NATO를 견제하려는 목적으로 아시아에서 강력한 동맹군을 찾는다고 인식했다. 서유럽에 대한 소련의 정책은 세력 팽창을 목적으로 하고, 아시아에서 중공의 의도는 소련과 일맥상통한다고 평가했다. "중공은 미국과 소련 그리고 영국 제국주의 위협 앞에 아시아에서 힘의 균형 유지를 위해 아시아 블록 형성에 심혈을 기울인다."[63]

위협적 세력으로서 중공에 대한 인식과 함께 중공의 외교는 아시아에서 힘의 균형을 유지하게 될 새로운 정치행동으로 인식했다. "중공의 자치적인 독립 선언 그리고 아시아에서 그들의 정치적 노선을 유지하기 위한 힘의 블록 형성과 이를 통한 뻬이징의 강화는 서구세력에게 위협이 되고 있다."[64]

한국전 진행과정 속에서 소련이 세계팽창 전략의 일환으로 추진한 중공과 북한에 대한 지원이 갖는 의미는 "(⋯⋯) 중공의 UN 가입 승인을 위한 것"[65]이며 또한 중공의 목적은 "대만의 민족주의 분열을 기원으로 발생한 외교 분쟁의 즉각적인 해결"이라고 평가하고 대만은 "한국 분쟁을 계기로 인류가 미래를 예측할 수 없는 결과를 초래할 수 있는 세계열강의 관심을 피하기 위해 중립적 입장을 유지해야한다"[66]고 강조했다.

에꼬 나시오날은 "UN에서 임시 과도적으로 허용한 중국 위원단은 대만문제에 관한 미국의 처리과정을 비판하는 분위기를 조성했다. 그리고 미국 정부가 중국 영토와 자주권을 침해하고 있다. 중

---

62) *El Liberal*, 1950년 10월 1일, p.4.
63) *El Liberal*, 1951년 1월 29일, p.4.
64) *El Liberal*, 1950년 10월 21일, p.4.
65) *Eco Nacional*, 1950년 11월 30일, p.4 ; *El Liberal*, 1950년 10월 1일, p.4.
66) *El Espectador*, 1950년 6월 30일, p.4.

공의 군사개입은 UN 가입 승인을 위해 서구세계를 힘으로 위협하
는 것뿐 다른 목적은 없다"[67]면서 국제공산주의는 중공의 UN 가
입 승인을 위한 전략의 일환으로 내란을 주도한다고 비판했다.

중국은 중요한 결정 상황에 직면했을 때 국제기구 내부에서 소련
의 의견을 지지하는 협조자의 역할을 했다. 그러므로 중국의 정치
적 분열문제를 해결하기 위해 중공의 UN 가입 승인은 소련의 입지
를 강화하는 수단으로써 매우 중요한 사안이었다. 결론적으로 보수
주의 신문은 한국전의 중공군의 개입은 UN과 서구세력을 견제하기
위한 동기에서 비롯되었고, 중공은 국제사회를 대상으로 폭력을 동
원하고 있다고 평가했다. 중공의 한국전 개입은 UN 가입 승인을
목적으로 이루어진 행위로 인식했다.

자유주의 일간지는 미국 외교정책이 한국문제를 통해 좀 더 견
고하고 급진적인 방향에서 진행되어야 한다고 한목소리로 강조했
다. 엘 에스빽따도르는 사설에서 "유럽 국가들과 인도가 투르먼 대
통령의 결정을 지지한 결과는 좀 더 분명하고 견고한 정책에서 소
개될 것이다"[68]라고 언급했다.

또한 샌프란시스코 헌장에 제시된 세계안보와 균형 유지가 미국
의 독점적인 역할이 아님을 강조하면서 역사적인 군사협정에 동의
한 국가들의 참여를 촉구했다. "자신의 이름으로 그리고 UN의 대
표로서 미군을 구성하고 있는 영국, 오스트리아, 캐나다, 네덜란드,
뉴질랜드 공군과 해군 연합군의 지원과 함께, (……) 필요한 것은
결정으로 강력한 군사력을 소유한 국가들이 자신들에게 부여된 책
임을 이행함으로써 세계를 계속 실망시키지 않는 것이다."[69]

---

67) *Eco Nacional*, 1950년 11월 30일, p.4.
68) *El Espectador*, 1951년 4월 13일, p.4.
69) *El Espectador*, 1950년 7월 25일, p.4.

콜롬비아 여론은 세계 모든 국가들은 공산권 침략으로부터 자유를 수호하려는 미국의 노력에 가능한 한 공헌을 해야 한다고 강조했다. 국내외를 막론하고 공산주의에 저항하는 자유세계의 노력에 지원해야 하는 의무가 우리 모두에게 있다고 언급하면서 미국의 한국전 개입을 정당한 행위로 규정했다.

엘 리베랄과 엘 띠엠뽀는 "원칙을 위해 힘으로 힘을 제압할 수 있는 거의 유일한 존재는 트루먼 대통령"이라고 보도했다. 한국전쟁에서 미국의 역할에 관해 "군사와 전술적인 면에서 미국은 한반도 분쟁에서 공산연합주의 세력을 성공적으로 저지할 수 있는 유일한 국가다"[70]라고 묘사했다. 또한 "이러한 능력은 자유세계의 안보와 평화 수호를 위해 발휘되어야 한다. 반대의 경우 서구는 크레믈린과 베이징 전체주의 공격 아래 놓이게 될 것이다"[71]라고 언급하면서 미국만이 자유세계를 방어하고 국제 질서를 유지하는 세력과 능력 그리고 책임과 권리를 갖는다고 믿었다.

호르나다는 미국의 한국전 개입이 지역 안보차원에서 타당성을 갖는다고 보도했다. "실제적으로 공산주의 공격을 저지하기 위해 한국으로 파병된 연합군의 반격이 이루어낸 성과는 그것의 결과이다. 한국전쟁에서 UN의 대의는 기본적으로 미국의 대의이다. 집단안보체제를 통해 세계평화를 수호해야 하는 미국의 힘에 책임이 실렸다."[72]

콜롬비아는 민주주의 수호를 위해 집단안보체제의 도덕적 책임을

---

70) *El Liberal*, 1950년 10월 22일, p.4.
71) *Vanguardia Liberal*, 1950년 7월 4일, p.3; *El Espectador*, 1950년 11월 21일, p.4; *El Tiempo*, 1950년 9월 23일, pp.4, 22; *Jornada*, 1951년 4월 13일, p.4.
72) *Jornada*, 1951년 5월 14일, p.4.

이행하는 미국의 동맹국으로서 콜롬비아의 역할을 강조했다. "투르
먼 독트린은 국제무대에서 민주주의를 수호하기 위한 효과적 방안
으로서 독트린의 중심 목적은 자유와 인간의 존엄성에 관한 것이
다. 그러므로 라틴아메리카는 미국의 입장을 전적으로 지지하여 협
조체제를 유지할 것임을 결의한다. (……) 트루먼 독트린 선언은
자유와 국제조약 이행에 관한 도덕적 책임 그리고 평화와 인간 복
지에 관한 대의로서 그 어떤 것보다도 우선 한다"[73]면서 미국과의
긴밀한 관계 유지를 과시했다.

보수 신문을 대표하는 에코 나시오날, 디아리오 데 콜롬비아 그
리고 엘 빠이스는 UN과 미국의 한국전 개입을 합법적이고 정당한
행위로 규정하고 전폭적인 지지를 보내면서 한반도에 대한 공산주
의 침략행위를 강도 높게 비난했다. 주간지 세마나와 에꼬 나시오
날은 한국전쟁이 미국의 안보와 직결되는 문제로서 미국의 군사정
책은 UN 회원국의 군비 증강과 함께 집단안보체제를 통해 실현되
어야 함을 강조했다.[74]

방구아르디아 리베랄을 비롯한 주요 일간지들의 사설을 종합해
보면 한국전 발발을 계기로 진행된 미국을 중심으로 한 자유세계의
동원은 불완전한 것이었다. 유럽에 주둔하는 미군의 철수를 앞당기
는 방법으로 소련은 아시아에서 아시아 민족주의를 격려하고 있으
며, 이 지역에서 미국의 위신과 세력 약화를 위해 한국을 하나의
모델로 제시함으로써 세계재패를 위한 자신의 위력을 과시하고 있
다고 평가했다.[75]

---

73) *Vanguardia Liberal*, 1951년 4월 1일, p.3.
74) *Semana*, 1951년 5월 12일, no.238, p.16; *Eco Nacional*, 1951년 5월 19
   일, p.4.
75) *Vanguardia Liberal*, 1950년 7월 29일, p.3; *El País*, 1952년 6월 15일, p.4.

결국 콜롬비아의 여론은 전통적인 방위동맹에 지나지 않던 북대
서양 조약기구 NATO가 미국인을 최고 사령관으로 하는 통합적인
군사 기구로 개편해야 함을 주장하고, 동시에 세계적 차원 및 지역
적인 차원에서 공산주의 위협에 대처해야 함을 강조한 것이었다.
UN의 역할과 권위는 미국의 위신에 관한 문제로써 미국의 한국전
개입은 냉전전략의 형성과정에서 지역정책으로서의 타당성이라는
관점을 유지했다.

또한 콜롬비아는 세계 공산주의 침략으로 야기된 군사와 정치적
위기의 대처 방안으로서 국제기구의 역할을 기대했다. "UN은
1945년 샌프란시스코 헌장이 내포하고 있는 신성한 원칙을 염두에
두고 예민한 상황 앞에 대처해야만 한다. 인간의 자유를 수호할 목
적으로 탄생한 국제기구로서 그리고 다른 민족의 자주권을 보호하
는 기구로서의 역할을 담당해야만 한다."76)

북대서양 조약의 체결로 비롯된 공동방위에 대한 도덕적 책임은
UN의 한국전 개입동기를 촉발시켰다. 한국전쟁에서 UN 회원국의
활약은 국제기구로서 UN의 위신과 존립의 당위성을 확인하는 계기
가 되었다. "UN이 창설된 지 5년이 되었다. 그리고 6월 26일 지금
적용해야만 하는 샌프란시스코 헌장을 마련했다. 특히 제7장 41조
와 42조는 한국전쟁을 계기로 효력을 발생해야한다"77)고 강조했다.

방구아르디아 리베랄, 엘 에스뻭따도르 그리고 엘 리베랄은 외부
의 무력침략 앞에 세계안보는 UN 회원 국가에 의해 보장되어야 한
다고 주장했다.78) 한국의 공산주의 침략에 대응하는 UN의 활약에

---

76) *El Tiempo*, 1950년 6월 10일, p.4.
77) *El Esepctador*, 1950년 6월 27일, p.4.
78) *Vanguardia Liberal*, 1950년 8월 3일, p.3; *El Espectador*, 1950년 7월
    5일, p.4; *El Liberal*, 1950년 9월 19일, p.4.

관해 엘 에스뻭따도르는 "미국 대통령 트루먼은 회원국의 군사력이 UN 연합군의 용감하고 강력한 행동으로 드러났다고 치하했다"[79]고 보도했다. 엘 빠이스는 "한국전쟁과 독일의 재무장으로 초래된 국제정치의 위기상황에서 UN의 역할은 평화유지와 자유민주주의국가 수호이므로 북한의 대남 무력 적화를 저지해야 하는 것은 당연한 것"[80]으로 평가했다.

한편 소련의 대라틴아메리카 정치 전략은 강력한 반미 성향을 가진 급진적 혁명정권의 출현을 통해 미국의 영향력 약화가 1차적인 목표였다. 이 지역의 빠른 공산화보다는 반제국주의 노선 및 완전한 국가주권의 회복을 강조했다. 소련은 라틴아메리카의 전략적인 중요성은 인식했음에도 불구하고, 이 지역에서 미국의 주도권은 소련이 라틴아메리카에서 보다 적극적인 정책을 추구하는 데 있어 가장 주요한 제한적 요소로 작용했다. 라틴아메리카에서 소련은 어떠한 정책목표보다는 미국과의 세력 관계를 더 중요하게 생각했다.

1941년 당시 라틴아메리카에서 소련의 외교사절이 있던 곳은 콜롬비아 단 한 곳이었으나 1947년에는 14개국이 소련을 인정했다.[81] 1945-1947년 사이 라틴아메리카에서 공산주의는 최고의 전성기를 구가했다. 콜롬비아, 쿠바, 볼리비아, 칠레, 에콰도르 그리고 우루과이는 공산주의자들이 의회에 진출하여 의회정치에 참여할 수 있었고, 이외에도 공산당은 상당한 영향력과 세력을 구축했다.

그러나 콜롬비아는 제2차 세계대전 이전까지 우호적 관계를 유지해 오던 소련과의 외교를 단절하고 반공주의를 통치 이데올로기로 채택했다. 한국전쟁을 계기로 소련의 위성국들과의 경제관계를 금

---

79) *El Espectador*, 1950년 6월 28일, p.4.
80) *El País*, 1950년 12월 13일, p.4.
81) Norman Bailey, *op. cit.*, p.92.

지하는 법령 1802호도 발표했다.[82] 1950년 6월 25일 북한군의 남한에 대한 전면적인 공격으로 시작된 전쟁을 국제공산주의의 팽창전쟁이고, 유엔헌장에 대한 명백한 위반이라고 간주한 미국의 시각에 전적으로 동의했다.

한국은 냉전의 첫 번째 실질적인 전장이 되고, 동서 진영 간 전면전 발발의 가능성을 시사하는 위협이 되고 있음을 강조하면서 콜롬비아 정부는 한국전 참전의 명분으로 UN 헌장에 입각한 평화의 십자군이라는 논리와 집단안보체제의 도덕적 책임을 강조했다. 그러나 실제로 미국과의 더욱 강력한 결속을 위해서라도 파병은 불가피한 선택이었다.

2. 국내정치적 요인

1950년 정권을 장악한 보수 고메스 정부의 선결과제는 정치적 안정이었다. 양당의 폭력적 갈등으로 인해 국가기관이 붕괴되고, 정부는 사회적 불안을 통제할 수 있는 능력도 상실하고 있었다. 조직적인 반정부 게릴라 집단의 반란이 최고조에 달했던 시점에 콜롬비아 정부는 집단안보 보장에의 도덕적 책임, 간접적인 국가방위 그리고 자유세계의 민주주의 수호라는 명분하에 한국전 파병을 단행했다.

그러나 이러한 명분적인 파병결정 동기 이외에 정권의 안정유지를 도모하고자 하는 국내정치적 요인이 가장 중시되었다. 한국전 개입 결정이 콜롬비아와 미국의 관계에서 1차적으로 주어졌다면,

---

82) Diario Oficial, 1951년 5월 30일, p.1.

파병결정을 가속시킨 계기는 가장 심각한 정치적 위기를 겪은 1940
년대 후반 콜롬비아 사회의 내적 상황에서 찾아볼 수 있다. 당시
정치적 위기는 심각한 반목과 극심한 분노 그리고 좌절에서 비롯되
었다.

　보고따 사태 이후 집권 보수당의 가혹한 탄압정치 아래 자유당
지식인들을 중심으로 조직된 반정부 게릴라 집단의 활동이 비야비
센시오(Villavicencio)를 비롯한 동부 평원에서 본격화되기 시작했
다. 이러한 상황 아래 집권당은 무엇보다도 내부적으로 확산되는
소요사태에 대한 진압이 시급해 졌다.

　정부는 1949년 군의 전문화를 위해 똘레마이다(Tolemaida)에 사
관학교를 설립했다. 군이 체제를 갖추기 시작한 것은 천일전쟁과
이후 파나마 분리 독립의 영향을 받아 레예스(Rafael Leyes) 대통
령이 칠레에 요청해서 사관학교를 설립하게 된 것이 계기가 되었
다. 또한 국내정치적 폭력 사태로 게릴라들의 활동과 반정부 시위
는 점차 확산되고 반란에 대한 효과적인 진압을 목적으로 집권당은
군과 경찰의 보수화 작업을 진행했다.

　양당 간의 갈등이 첨예화된 대결구도 속에서 당시 뻬레스 정부는
내무부 장관, 국방부 장관과 법무장관 등 가장 전략적인 정부각료
들을 군 장성으로 재구성했다. 그리고 군 내부와의 어떠한 협의도
거치지 않은 채 반란운동에 직·간접적으로 참여한 시민을 심판할
수 있는 법령 제1270호와 제1271호를 통해 군부에게 강력한 사법적
권한을 부여했다. 보수당 정부에 의해 임명된 경찰이 자유당 인사
들에게 보다 엄격한 법 집행을 하게 되었다.

　이와 같이 군은 보수 정부에 의해 반란 진압의 도구로써 이용되
었다. 국내 공공질서 유지라는 명목 하에 이때부터 군은 정치적 수

단으로 동원되었다. 이를 계기로 군부 내부에서 갈등이 초래되었다.[83] 군이 정치적 희생자라고 인식한 젊은 장교들은 보수 정권에 의한 군의 정치적 동원을 호의적으로 바라보지 않았다. 자유당파 군인들은 자유당 반란진압에 군이 동원된 사실에 반발하면서 훈련된 게릴라 집단을 조직하게 되었다. "정규전과 임시 전을 위해 구성된 군은 (……) 반란적인 비정규전에 대비한 훈련과 사상적인 무장을 통해 실전에 투입되었다. (……) 이러한 상황 아래 양당의 갈등 구도 속에서 군이 희생되었다고 인식한 젊은 장교들 사이에서 불만은 고조되었다."[84]

1940년대 후반 경찰기구는 여당의 사병조직으로서 자유당에 대한 가장 강력한 억압도구로 변모했다. 정부의 국내 경찰기구에 대한 효과적 통제의 실패는 경찰의 분화를 초래하기 시작했다. 국가적 차원에서 운영되는 경찰은 국내질서 유지와 지역 경찰기구의 권한을 통제하는 역할을 담당했다. 당시 경찰은 정부의 통제 아래 운영되는 국가경찰(Policía Nacional)과 정치지도자와 시장의 명령과 책임 아래 운영된 주경찰(Policía Departamental), 청원경찰(Policía Rental), 지방경찰(Gendarme Municipal) 그리고 농촌경찰(Policía Rural)과 보안경찰(Policía Seguridad)이 중앙정부의 통제에서 벗어나 각자의 책임을 수행하였다고 콜롬비아 역사가 구즈만(Germán Guzman)은 언급했다.[85] 이러한 상황 아래서 경찰 내부에 갈등구조

---

83) Elsa Blar Trujillo, *Las Fuerzas: Una Mirada Civil*, (Bogotá: Cinep, 1993), p.5.
84) Adólfo León and Atehortua Cruz, *El Estado y Fuerzas Armadas en Colombia*, (Bogotá: Tercer Mundo, 1994), pp.188-189.
85) Germán Guzman, Eduardo Luna Umaña and Orlando Fals Borda, *La Violencia en Colombia*, 2nd Ed., (Bogotá: Tercer Mundo, 1962-1964), p.256.

가 형성되었다. 각자의 선호 정당과 정치적 색깔을 바탕으로 시민의
안전이 요구되는 순간 그들은 정당을 통해 경쟁관계를 형성했다.

이와 같이 경찰은 1946년 이후 고도로 정치화된 집단으로 변모했
다. 집권당의 이해에 봉사하여 반대당에 대한 가장 강압적인 탄압도
구로 역할을 수행했다. 보고따 사태 이후 지방의 폭동에서 자유당과
경찰이 참여하는 사건이 발생했다. 정부의 지속적인 경찰 보수화 작
업에 힘입어 경찰은 정치화에 부분적으로 성공을 거뒀다. 오스삐나
대통령은 우선 자유당 세력이 약한 지역인 나리뇨(Nariño), 싼딴데
르(Santander), 노르떼 싼딴데르(Norte Santander)를 중심으로 자
유당원을 폭력적으로 탄압했다. 자유당 세력을 압박하여 존립기반을
약화시킬 목적으로 새로운 경찰법이 마련되었고, 정치 투쟁은 정당
을 통해 표출되었다.

1946년 말 장교와 하사관을 포함한 202명으로 구성된 진압반을
각 지역에 파견하여 확산되는 지역 소요 사태에 대처했다. 지역별로
파견요원의 수를 살펴보면 안띠오끼아(Antioquía) 18, 볼리바르
(Bolivar) 23, 보야까(Boyacá) 46, 까우까(Cauca) 8, 꾼디나마르까
(Cundina-márca) 18, 우일라(Húila) 11, 막달레나(Magdalena) 8,
나리뇨(Nariño) 19, 노르떼 데 산딴데르(Norte de Santander) 13,
산딴데르(Santander) 18, 똘리마(Tolima) 10, 바예(Valle) 8이었다.[86]
그리고 자유당 존립기반 약화를 위해 공포와 죽음의 상징인 뽀뽈
(POPOL: Policia Política) 또는 자유당이 일명 "게스따뽀 끄리오
요(Gestapo Criolla)"로 명명한 정치경찰을 창설하여 자유당원들을
폭력적으로 탄압했다.[87] 경찰에 이러한 보수화 과정은 보고따 사태
이후 강도 높게 진행되었다.

---

86) Russell W. Ramsey, op. cit., p.118.
87) Villarreal José María, Revista de la Policia Nacional, no.4, (1952), p.13.

자유당의 선거능력을 약화시키기 위한 군부와 민병대의 공세는 1947년 3월에 치러진 선거에서 드러났다. 보수당은 1946년 주 선거에서 정권은 장악했지만 여전히 소수당이었다. 따라서 보수당은 이듬해 3월 지방의회 선거에서 군과 민병대를 동원하여 자유당의 권력기반 약화를 목적으로 자유당 유권자에 대한 투표 저지 행위를 시도했다. 그 결과 보수당이 승리를 했다.[88] 자유당은 대중매체를 통해 선거에서의 부정의혹을 제기했다.

자유당은 정국안정을 위해 군 내부의 개혁을 촉구했으나, 보수 정부는 군을 더욱더 강력한 억압 도구로 사용했다. 뻬레스 자신이 군부 혁신에 있어 일부분 기여해 왔지만, 보고따 사태 이후 그는 군부를 정권유지의 도구로 이용했다. 이러한 정부의 태도는 군 내부의 갈등을 초래했고, 1953년 로하스 삐니아(Gustavo Rojas) Pinilla) 장군의 쿠데타로 군부가 정치의 중심에 서게 되는 계기가 되었다.

경찰의 가혹한 폭력 앞에 자유당은 경찰을 그들의 정치적 적대세력으로 간주하게 되었다. 또한 보수당 정부는 1948년 법령 제1449호와 제223호를 발표하면서 경찰에 대한 대대적인 인사를 단행했다. 총 142명의 장교를 해임시킴으로써 경찰 내부에서 자유당 세력의 제거 작업을 착실히 수행했다. 이와 같이 "뻬레스가 경찰의 보수화 작업을 목적으로 발표한 1948년 5월 8일자 법령 제1449호와 7월 2일자 법령 제223호를 통해 142명의 장교가 경찰에서 사직해야만 했다."[89]

---

88) Carlos H. Urán, op. cit., pp.25-26: Alvaro Tirada Mejia, *Nueva História de Colombia, Tomo II*, (Bogotá: Planeta, 1989), p.14.

89) Sanchez Gonzálo, *Los Dias de la Revolución Gaitanismo y 9 de Abril en Provincia*, (Bogotá: Centro Cultura Jorge Eliecér Gaitán, 1983), pp.247-276.

콜롬비아 국립대학(La Universaidad Nacional de Colombia) 국
제관계학과 교수인 삐사로(Eduardo Pizarro)는 콜롬비아군의 정치
화 강화에 영향을 준 사건으로 첫째 정치적 혼란기인 비올렌시아
시기의 군의 역할, 둘째 바따온 콜롬비아(Batallón Colombia)의 한
국전 참전 그리고 1953-1958년 사이 로하스 삐니야 장군의 민군정
부라고 설명했다.[90]

보고따 사태 해결과정에서 계엄령 상황 아래 콜롬비아 군부는 정
치적 기능을 성공적으로 수행한 경험이 있다. 그리고 바따온 콜롬
비아의 한국전 참전은 군부조직의 강화를 초래했으며 게릴라전에
효과적으로 대응할 수 있는 전략과 전술능력을 향상시켰다. "비록
게릴라전의 대응 전략으로는 부적절했지만 한국전은 전술 면에서
군부의 현대화에 이바지했다."[91] 또한 1953년 로하스 삐니야의 군
부 쿠데타는 군부 세력이 직접적으로 정치무대에 진입함으로써 정
치사회의 주도세력으로 등장했다.

다른 한편, 콜롬비아 정치학자 부이뜨라고(Franciaco Leal Bui-
trago)는 한국전 참전의 대외 명분으로 제기되었던 반공주의의 강화
가 국민 의식의 보수화를 촉진시켰다고 지적했다. "냉전의 구도 아
래 진행된 반공주의 노선은 한국전 참전 장교들의 귀국으로 인해 국
민의 반공의식의 강화를 통해 촉진되었다. 그들의 귀국은 (……) 군
의 현대화에 이바지할 것이다."[92]

1949년의 대선 과정에서 양당은 권력 재창출을 위해 전쟁상태에

---

90) Eduardo Pizarro León Gómez, "El Gobierno de la Violencia en un
    Estado de Política Contemporánea", *Profesionalización Militar en
    Colombia(Ⅴ)*, (Bogotá: Universidad Nacional de Colombia, 1985), p.7.
91) Francisco Leal Buitrago, *op. cit.*, p.208.
92) *Ibid.*

돌입했다. 자유당은 대선을 앞당길 것을 제안했고, 비올렌시아로 인해 농촌으로 이주한 자유당원들이 지역에 상관없이 어느 곳에서 든지 자유롭게 투표할 수 있는 투표권 행사를 요구했다. 또한 바제 (Valle) 지역 시위에서 자유당원들을 폭력적으로 탄압한 로하스 뻬 니야 대령의 파면도 촉구했다.[93] 이러한 자유당의 요구는 국회의 논의과정에서 죽음을 동반한 격렬한 논쟁으로 이어졌다. 대선을 앞 당기자는 제의를 제외하고 자유당의 요구는 수용되지 않았다. 이에 반발한 자유당 지도자들은 선거 불참을 선언하고 결과에 승복하지 않겠다고 선언했다.

뻬레스 정부는 난관을 타개하기 위해 각 당 출신 2인의 대표로 구성된 정부자문단을 통해 과도적 선거개혁을 구상했다.[94] 그러나 이러한 정부의 노력은 오히려 양당의 갈등을 심화시키는 결과를 초 래했다. 뻬레스 대통령은 1949년 11월 9일 법령 제3518호를 통해 계엄령을 선포했다. 의회와 지방의회의 기능을 중지하고 언론에 대 한 엄격한 검열을 시작했다. 동시에 반란진압을 위해 사법부에 막 대한 권한을 부여하면서 대법원을 장악하는 등 쿠데타를 시도했 다.[95]

보수당 정부는 점차 테러에 의한 공포정치를 통해 자유당을 복종 시키려 했다. 이러한 자유당 탄압정치 아래 실시된 1949년의 대선 에서 자유당은 출마를 포기하게 되고, 보수당의 고메스가 대통령에 단독 출마하여 정권을 잡게 되었다. 선거 전날 자유당 지도자들은

---

93) *Revista Javeriana*, tomo 33, (1950), p.22.
94) Albella Arturo, *Así Fué el 13 de Junio*, (Bogotá: Aquí, 1973), p.6.
95) *El Espectador*, 1949년 11월 9일, p.1; *El Tiempo*, 1949년 11월 10일, p.1; *El Siglo*, 1949년 10월 18일, p.1; *Revista Javeriana*, tomo 33, (1950), pp.14, 16.

범국민 시위를 주도했다. 이 시위에 가담한 자유당 대선 후보 에찬디아가 경찰의 진압과정에서 희생되자, 자유당은 보수당과의 전면전을 선언했다.[96]

보고따 사태 이후 파면된 자유당파 군부와 경찰 그리고 보수당 독재체제에 반발한 지식인들의 적극적인 지원으로 조직적인 게릴라 활동이 본격화되었다. 무장군은 동부평원 야노 오리엔딸(LLano Oriental)에 집결하기 시작하여 메따(Meta)주의 수도인 비야비센시오(Villavicencio)를 점령했다. 공산당 역시 농촌을 거점으로 자위대를 조직하여 농민의 급진화를 촉진했다. 1946년 이후 꾼디나마르까, 싼딴데르, 안띠오끼아, 까우까, 깔다스, 바예 지역은 중앙정부의 행정력이 미치지 않는 게릴라 집단의 중심지가 되었다. 또한 남부 똘리마와 수마빠스(Sumapaz), 비오따(Viota)는 공산 게릴라 활동의 본거지가 되었다.[97]

1950년 8월 7일 의회는 봉쇄되었고, 계엄령이 선포된 상황에서 고메스는 대통령직을 인수했다. 고메스 정권은 자유당 세력을 제거하기 위해 군을 동원하여 폭력적 진압을 강화했다. 양당의 반목은 해결의 기미가 보이지 않았고, 농촌 지역에서는 자유와 보수당의 이름으로 방향조차 잡을 수 없는 소모적인 충돌만 지속되었다.

1946부터 형성된 자유당의 자위 무장집단은 정부군의 공격에 대항할 수 있는 조직적인 게릴라 집단으로 변모했다. 1952년 농촌에서 가열된 게릴라 활동에 따른 혼란한 정국 수습을 위해 자유당 지도자 로뻬스(Alfonso López)와 까마르고(Carlos Lleras Camárgo)는 정부와의 협상에 나섰다. 그들은 정부와의 합의 내용을 중심으로 게릴라와 대화를 시도했다.[98]

---

96) Carlo H. Urán, *op. cit.*, p.35.
97) Gilhodes Pierre, *op. cit.*, p.457.

그러나 게릴라들은 동부평원 지역의 점령권을 요구하기 위해 정국 혼란의 위기를 이용했다. 정부는 무장그룹을 인정하지 않겠다는 입장을 취하면서 반란군에 대한 책임을 자유당에게 물었다. 자유당은 혁명적인 그룹과 단순한 반란 가담자 사이의 명확한 구분을 요구하며 반란군과 자유당이 무관함을 주장했다.[99] 그러나 정부는 모든 반란군은 자유당의 지휘 아래 있다고 강조하여 자유당에 대해 색깔론을 전개했다.

게릴라와의 협상이 진행되는 상황에서도 양당의 상호 비난을 계속되었다. 1952년 1월 28일 주요 보수신문 엘 씨글로의 사설은 자유당을 '반란당'으로 보수당을 '수호당'으로 묘사하면서 소모적인 논쟁을 지속했다. 에꼬 나시오날은 전쟁으로 인한 위기와 일반적인 혁명을 피할 수 있는 이론으로서 보수주의 독트린을 소개하면서 "보수주의와의 대화"라는 사설을 통해 "콜롬비아의 오늘은 반란당이 추구하는 무법 세계에서 비롯되었다"[100]고 묘사함으로써 당시 비올렌시아로 인한 정국 혼란의 책임을 자유당에게 돌렸다.

1952년 9월 반란의 진압과정에서 5명의 경찰이 보고따에서 희생되자 농촌을 중심으로 확산된 통제 불능상태의 비올렌시아는 도시로 이동했다. 1953년 군부에 대항한 반란군의 직접적인 공격이 이루어지자 정부의 자유당에 대한 폭력적 탄압은 강화되었다. 자유당 지도자인 로페스와 레스프레뽀는 8월 25일 공식서한을 통해 무장집단의 요구를 수락하여 정국안정을 도모할 것을 정부에 촉구했다. 그러나 이러한 요구는 받아들여질리 없었고, 도리어 자유당과

---

98) *El Tiempo*, 1952년 12월 22일, 23일, p.1: *El Siglo*, 1952년 12월 29일, p.1.
99) *Revista Javeriana*, tomo 38, (1952), p.50.
100) *Eco Nacional*, 1952년 11월 6일, p.8.

비올렌시아가 직접적인 연관이 있다는 보수 정부의 주장을 뒷받침
하는 데 이용되었다.[101]

1952년 9월 6일 자유당 지도자의 사택과 주요 자유 일간지 엘
에스빽따도르와 엘 띠엠뽀 사옥이 화염에 휩싸인 사건이 발생했다.
이 사건은 1948년 4월 9일 보수주의를 상징하는 교회와 엘 씨글
로 신문사 방화 사건과 유사한 것으로 보복적 성격을 띤 화재였다.
또한 1953년 1월 정부군에 대항한 직접적인 군사공격으로 7명의
군인이 사망하자 정부의 자유당에 대한 탄압은 보다 강도 높게 진
행되었다. 사태가 진정의 기미를 보이지 않자 대선을 1년 앞둔 보
수당은 온건 보수파인 빼레스를 후보로 내세움으로써 고메스 정권
에 대응해 나갔다.

보수주의자들과 온건 자유파들은 빼레스가 극우 고메스 정권을 견
제할 수 있는 유일한 인물이라고 판단했다. 빼레스는 과거의 양당 제
휴를 통한 연립내각 구성을 통해 정국 혼란을 수습하려 했던 인물로
서 보수주의자들은 국내 정치문제 해결에 대한 그의 의지와 능력을
신뢰했다. 온건 자유파는 보수당의 분열을 조장하기 위해 빼레스를
적극 지지했다.[102]

양당의 위기는 총체적이었다. 자유당 지도자는 화재사건을 계기
로 멕시코로 떠났고, 보수당은 완전히 분열되었다. 재계는 정국 혼
란 수습에 대한 정치권의 무능을 비판했다. 양당이 사활을 건 소모
적인 정쟁을 일삼음으로써 정치는 파행에 치닫고 국가경제는 파탄
에 이르렀다고 비난했다. 이러한 상황아래 군의 정치적 개입은 촉
구되었다.

일반 대중은 군의 개입이 권력 분배의 중계자 역할을 담당할 것

---

101) *Revista Javeriana*, tomo 38, (1952), p.102.
102) *Revista Javeriana*, tomo 39, (1953), pp.116-117.

으로 기대하면서 군의 정치개입을 이러한 과정의 전환기로 생각했
다. 보수주의는 군의 정치개입을 통해 보수당의 재통합을 기대했다.
온건 자유파는 보수주의와 제휴 방법을 통해 의석을 확보하고, 장
기적으로는 의회에서 다수 석을 차지함으로써 대선을 통한 권력 재
창출의 기회를 노렸다. 일반대중에게는 군의 개입이 대량의 인명피
해와 파행으로 치닫고 있는 정국 혼란을 수습하여 정치적으로 안정
을 도모 할 수 있을 것이라고 여겼다. [103]

  1949년 정권을 잡은 고메스가 신병으로 양위했던 대통령직으로
복귀하고 동시에 군 총사령관인 로하스 삐니아를 축출하려 했다. 그
러나 로하스 삐니야는 1953년 6월 13일 쿠데타로 고메스를 몰아내
고 초당적인 지지를 얻어 정권을 장악했다. 로하스 삐니야의 쿠데타
는 당시 격심한 정쟁에 따른 장기적인 정국의 혼란으로 안정을 희구
하는 일반 대중의 지지를 획득했다.

  로하스 삐니야는 국내 치안질서 유지에 주력하면서 정치적 안정
조치를 단행했다. 게릴라를 진압하고 경찰을 군의 일부로 개편함으
로써 국내의 치안질서가 소강상태에 진입했다. 그로 인해 경찰의 통
합도 이루어졌다. 군을 포함해서 양당엘리트의 동맹을 통해 1953년
정권 교체가 시작되었다.[104]

  위에서 살펴 본 바와 같이 보고따 사태 이후 군은 정부의 사병조직
으로 전락하였고, 삐레스는 군의 여건 개선을 위해 노력한 최초의 인
물이었다. 1932-1933년 사이 페루와의 국경분쟁과 장기간의 비올렌
시아를 통해 발언권이 강화된 군은 1953년 국내정치 혼란을 틈타 쿠

---

103) Villar Borda, *Rojas, El Presidente Libertador*, (Bogotá: Agra, 1953),
    p.81.
104) Donadio Alberto Gavis Silva, *El Jefé Supremo*, (Bogotá: Planeta,
    1988), p.47.

데타를 통해 직접 정권을 장악함으로써 정치의 중심에 서게 되었다.

중남미의 다른 국가들에 비해 콜롬비아는 문민우위의 전통이 강한 나라지만, 사회적 불안 요인인 게릴라 활동과 테러 등으로 제한된 사법 경찰력만으로는 질서유지 능력에 한계가 드러남으로써 군부의 영향력이 증대되었다. 이와 같이 한국전 파병 이전 콜롬비아의 국내 상황은 정치, 경제, 사회적으로 매우 혼란의 시기였다.

한편, 1950년 발발한 한국전쟁을 콜롬비아의 여야세력은 국내정치의 연장선에서 이해하고 홍보했다. 콜롬비아의 여론은 한국전을 국제평화와 자유를 유린한 국제공산주의 침략전쟁으로 규정하고 "세계평화유지에 관한 국제 질서를 무시하고 한반도문제를 포함해 세계 곳곳에서 자신의 정치적 목적 달성을 위해 무력 충돌을 감행하고 있는 국제공산주의"[105]를 비난했다. 엘 띠엠뽀는 "공산주의는 모스크바에 의해 지원된 세계평화회의(공산주의 계획을 은폐하기 위해 몇몇의 지식인이 모인 회의)를 이용하고 있다. 실질적으로 그들의 의도는 한국 침략을 정당화하는 것이다"[106]고 강조했다.

엘 에스빽따도르는 멕시코 외상의 말을 인용하여 라틴아메리카는 파시즘보다 공산주의 위험에 직면하고 있다고 언급했다. "위협은 아시아와 유럽에서 전파된 것이다. 세계 정치무대에서 민주국가의 위협으로 떠오르는 파시즘의 환상은 잊지 말아야 할 것이다. 공산주의와 파시즘은 같은 사회 조건에서 탄생한 쌍둥이 형제다. 라틴아메리카가 처한 현실, 즉 빈곤과 무지는 두 사상이 대륙에 침투할 수 있는 풍토를 조성했다. 이러한 점진적인 흐름을 무시해서는 안 된다"[107]면서 반공 우방에 대한 공산 침략이 국내 안위와 직결된다

---

105) *El Siglo*, 1950년 6월 28일, p.3; *El Tiempo*, 1950년 9월 23일, p.4.
106) *El Tiempo*, 1950년 7월 21일, p.4.
107) *El Espectador*, 1951년 6월 7일, p.4.

는 입장을 통해 한국전 개입의 당위성을 부여했다. "파시즘이 라틴 아메리카에서 사라지는 반면 공산주의는 그 어떠한 순간에도 위협 세력으로 변모할 수 있다"[108]면서 한국전쟁을 국내문제와 동일선상 에서 이해하고 공산주의에 대한 위기의식을 통해 반공주의 노선을 강화했다.

콜롬비아의 보수 정부는 한국전이 단순한 한민족 간의 내전이 아 닌 미·소 지원 하에 남한의 적화를 기도한 공산세력의 팽창적 전략 전쟁으로 인식했다. 한국전쟁을 국제평화와 자유를 유린한 국제공 산주의 팽창정책으로 규정하고 "반공주의 국가로서 콜롬비아의 임 무는 국내의 친 공산주의 세력의 근절로부터 시작 된다"[109]고 강조 함으로써 반공주의 이념을 국가 방위의 일환으로 내세웠다.

세계평화 유지에 관한 국제 질서를 무시하고 자신의 정치적 목적 을 달성하기 위해 무력 충돌을 감행하고 있는 국제공산주의 팽창에 따른 한국 적화가 세계안보에 위협이 됨을 제시했다. 결국 국제공 산주의 팽창은 국내의 정치적 불안을 초래할 것이라는 입장을 견지 하여 국내 안보와 직결시키는 위기의식을 표명했다.

콜롬비아 정부는 반공주의를 정치노선으로 채택하고 공산주의의 근절을 일차적인 정치적 목표로 규정했다. 그러나 급진자유주의 일 간지 호르나다는 한국전의 동기는 "빈익빈 부익부 문제를 해결할 수 있는 가장 자유로운 사상을 기반으로 하는 정당의 부재"[110]로 평가하고 한국전은 이러한 정당 형성의 요구로부터 비롯됐다고 묘 사했다.

또한 "막스주의자들의 팽창은 자본주의가 존재하는 한 존재한다.

---

108) *Ibid*
109) *El Siglo*, op. cit., p.4.
110) *Jornada*, 1951년 1월 21일, p.5.

그리고 프롤레타리아는 마르크스주의를 바탕으로 단결해야 한다. 또한 정의 실현을 위한 합법적 행위로서 사회주의가 전개되는 곳은 전투적 분쟁이 있을 것"[111]이라면서 한국전쟁의 필연성을 강조했다.

콜롬비아의 한국전 참전은 초당적인 지지에 의해 감행되었다. 한국전 파병의 중요 결정과정에서 국민의 여론을 수렴하여 자유당은 민족주의적 이념보다는 국가안보와 경제발전을 추진시키기 위한 실용주의 노선을 견지하며 현실주의적 국가이익을 택했다. 그러나 냉전의 구도 아래 야당을 적으로 간주하고 색깔을 씌워 공산주의로 규정한 보수집권당에게 책임을 물어 전면전을 선언했다.

보수당은 비올렌시아 과정에 개입한 공산당을 자유당과 동일시하며 색깔론을 전개하여 반공의식 강화를 통해 국민의 보수화를 촉진했다. "콜롬비아 내부의 혼란을 주동하는 공산주의는 자유당이라는 이름 아래 자신들의 모습을 철저하게 은폐시키고 있다."[112] 급진자유주의는 보수 정부가 한국의 공산주의 침략으로 전개된 역사적 현실을 통해 자유당에 대한 전통적인 당파적 적대심을 재현하고 있고 반대의견을 적으로 간주하여 색깔을 씌워 평가하고 있다고 주장 했다. 보수일간지 엘 씨글로와 급진자유주의 호르나다의 사설은 당시 양당의 색깔논쟁을 잘 반영하고 있다. "비록 콜롬비아의 공산주의는 소수지만, 소련의 공산주의와 마찬가지로 위험하다. 공산주의는 자유당의 이름과 전통을 사용하며 자유당이라는 액자 안에 숨어서 활동하고 있다".[113] "(……) 대부분의 사람들은 공산주의가 아니다. 이러한 관점은 단지 미 자본주의에 의해 오염된 것이다."[114]

---

111) *Ibid.*
112) *El Siglo*, 1950년 6월 29일, p.4.
113) *Ibid.*
114) *Jornada*, 1950년 12월 13일, p.4.

콜롬비아의 여론은 한국전에 관한 미국의 입장에 전적으로 동조하나 각 당의 이해와 실리가 반영된 범위 내에서 북한의 침공을 비난했다. 보수 정권은 한국전쟁을 국내문제와 동일시했다. 자유당이 공산주의자들을 동원하여 국내의 정국 혼란을 주도하고 있으며, 동시에 맥락을 같이하는 국제공산주의를 지원하고 있다고 주장하여 자유당에게 색깔을 씌워 비난을 가했다.

자유당은 집권당의 외교는 국제무대에서 자국의 이익을 제대로 반영하고 있지 않으며, 국내의 경제 침체 또한 집권당의 무능에서 비롯됐다고 주장했다. 엘 띠엠뽀 사설은 "정부는 국방과 집단안보의 궁극적 목적 및 국가의 목표 등을 제대로 파악하지 못하고 있다"[115]면서 보수 정부의 외교정책을 비난했다. 자유당은 미국의 국가적 이해와 콜롬비아의 국가적 이해가 동일하다고 보는 시각이 지양되어야 한다고 언급했다.

공산주의의 침략 저지에 관해 양당은 동일한 입장을 취했음에도 불구하고 각 당의 독트린에 기초하여 당리당략이 반영된 범위 내에서 세계정세를 논한 것은 피할 수 없는 것이었다. 그러나 자유와 보수 양당은 아시아에서 공산주의 팽창과 관련하여 북미의 지정학적인 관점에서 한국전쟁은 미국의 안보와 직결되며, 즉각적인 무장 개입은 정당행위로 규정했다. 동시에 세계 각처에서 발생하는 미국과 소련의 군사적이며 사상적인 분쟁은 제3차 세계대전으로 이어질 수 있음을 강조했다.

방구아르디아 리베랄은 국제 정치질서의 근본 원리인 자유를 수호하기 위한 공동방위의 중요성을 강조했다. 그러나 라틴아메리카 민주주의의 현 주소를 가장 잘 반영하고 있는 현실정치 내부의 자

---

115) *El Tiempo*, 1950년 7월 9일, p.1.

유탄압 문제를 지적하면서 라틴아메리카 대륙의 민주주의 현실 과제에 관심을 기울였다. "공산주의에 대한 투쟁은 좋다. (……) 그러나 이러한 투쟁의 이름으로 대륙 각처에서 직접적인 지위를 독점해온 과두지배자들의 군비확장주의는 지지할 수 없다."[116] 엘 에스뻭따도르는 한국의 공산주의 세력 저지를 위해 단결해야 함을 강조했지만, 라틴아메리카에서 정치적 자유와 민주주의는 이론적인 것에 불과하다고 지적했다.[117]

콜롬비아의 친미 대외정책은 공산주의 위협 아래 전통적인 양당의 합의에 의해 운영되었다. 과거 보수 극우주의는 미국을 기독교정신에서 멀어져 있는 유물론적 제국주의로 평가하고 자유당 정권의 친미공조체제에 반대해 왔다. 그러나 제2차 세계대전 이후 미소 양극체제 속에서 고메스는 서구세계와의 동맹이 기독교정신 그리고 민주주의 수호와 일맥상통한다고 생각했다. 고메스 지휘 아래 발간되고, 야당의 공식적인 대변인 역할을 담당한 대표적인 보수 매체인 엘 시글로는 UN의 행동강령인 샌프란시스코 헌장의 기본 원칙에 기초하여 보수주의 독트린을 홍보했다.[118]

에꼬 나시오날은 한국의 공산주의 침략 앞에 UN 연합군의 군사행동을 저지하는 "UN 중심부에 존재하는 공산주의 매복"을 강조했다. 중국 민족주의 대표문제와 중공의 UN 승인에 관한 문제를 통해 중공은 한국 분쟁을 장기화하고, 세계무대에서 공산주의 팽창정책을 추진하기 위해 위성국가들을 동원할 목적으로 소련과 점차적으로 동맹을 맺을 수 있다고 언급했다.[119]

---

116) *Vanguardia Liberal*, 1951년 4월 10일, p.3.
117) *El Espectador*, 1951년 5월 16일, p.4.
118) *El Siglo*, 1953년 12월 2일, p.4.
119) *Eco Nacional*, 1953년 9월 17일, p.4; *El Siglo*, 1953년 12월 2일, p.4.

보수주의는 공산 침략은 인간의 존엄성과 자유민주주의 수호를 위해 반드시 저지되어야 한다고 주장하면서 한국전쟁의 직접 또는 간접적인 원인을 제공한 세계 공산주의 팽창정책을 비난했다. "세계 공산주의에 의해 지휘된 북한과 중국의 침략행위는 공산주의 세계팽창전략을 수행하는 것으로서 한국전쟁의 긴 유혈 투쟁은 절대로 끝날 것 같지 않다. (……) 평화로 위장된 공산주의의 거짓된 국제정치는 모스크바에 의해 지휘된 중공의 침략으로 확실해 졌다. 평화논의에 관해 공산주의는 전쟁이 끝이 날 수 있다는 말로 장난하고 있다."[120]

자유와 보수 양당 신문은 중국과 소련을 중심으로 한 양대 공산주의 진영이 국제무대에서 공산주의 확산이 가능한 곳까지 공산주의 정권을 수립하려는 공동의 목적을 갖는다고 보도하면서 중국과 소비에트 세계팽창주의를 비판했다. 자유주의 신문인 호르나다와 엘 에스펙따도르는 한국전쟁을 스탈린의 세계적화의 첫 걸음으로 간주했다. 그리고 중국과 북한은 소비에트 독재체제 수립을 위해 동원된 도구였음을 강조했다.[121] 보수주의 일간지 디아리오 데 콜롬비아는 "중공은 크레믈린의 국제정치상의 음모로 만들어진 위성국으로서 스탈린의 세계적화 음모는 남한의 침투로 그 실체가 드러났다"[122]면서 한국전쟁을 냉전시대의 가장 극단적인 사건으로 묘사했다.

콜롬비아는 UN의 일원으로서 국제적 약속의 이행 존중과 집단 안보체제의 도덕적 책임 그리고 인간의 존엄성에 대한 자유세계의 이상을 실현하기 위해 부여된 임무를 완수하겠다는 의지를 표명하고 대외 명분적 인도주의적인 측면을 강조하여 한국전 참전의 당위

---

120) *Diario de Colombia*, 1952년 10월 10일, p.4.
121) *Jornada*, 1951년 4월 13일, p.4: *El Espectador*, 1951년 7월 5일, p.4.
122) *Diario de Colombia*, 1952년 11월 25일, p.4.

성을 부여했다. 콜롬비아 보수 정권은 내부만큼 외부적으로도 국가의 이미지 재고를 위해 국제무대에서 미국의 입장을 적극 대변했다. 더욱이 고메스에게 한국전 참전은 제2차 세계대전 기간 동안 보여주었던 반미주의적인 자신의 이미지를 쇄신 할 수 있는 기회였다. 그리고 미국과의 우호적인 관계 유지를 통해 군사 및 경제적인 원조를 기대할 수 있었다.

당시 보수정권은 국내적으로 비올렌시아의 장기화로 인한 인플레이션과 식량 파동으로 인기가 하락하는 과정에서 국제기구에서의 주도적인 활약을 통해 국내의 실정을 만회하고자 했다. 또한 한국전 고조에 따른 아시아의 냉전구조에서 자유세계의 집단안보체제 구축을 주장하면서 라틴아메리카에서 콜롬비아의 확대된 역할을 확인하기 위해 미주기구에서 한국전 개입문제를 주도적으로 논의했다.

방구아르디아 리베랄은 사설을 통해 보수 정권의 이름으로 UN에서 활약한 국방장관인 아르벨라에스(Roberto Urdáneta Arbeláez)의 역할을 빌어 보수 정부는 한국전에 대한 강경 노선을 지지하여 콜롬비아의 국제적 위신을 고양시키고 미주 대륙에서 국제문제 해결에 있어 주요 국가 중 하나라는 외교적 선전을 기하고자 했다고 평가했다. "그의 행위는 보수 독트린 자체의 반공주의를 국가적 차원의 통치 이데올로기로 정당화하려는 의도에서 시작되었다. (……) 자유주의 시각에서 볼 때도 공산주의 정책이 부당한 행위나 공격적인 행동의 합법화를 정당화하기 위한 방안을 모색하는 특징을 갖고 있다는 그의 말은 설득력이 있다. 그러나 실제로 중공과 소련을 중심으로 한 세계 공산주의에 대한 비판 동기가 단지 공산주의의 팽창정책 즉, 공산주의가 자유세계를 지배하고 전체주의로 세계를 속박하여 자유세계를 위협하기 때문이라는 그의 주장에서 우리는 그들(보수주의자들)의 의도가 바로 그곳에 숨 쉬고 있음을 발견한다."123)

미국은 공산주의에 대한 서반구 안보를 중요한 것으로 보아 라틴아메리카와의 관계에 있어 반공주의 노선에 동조할 것을 촉구했다. 반면 콜롬비아는 국내의 사회 경제적 문제에 1차적 관심을 가졌었다. 1950년대 미국은 소련과의 대결에 몰두해 한국전을 전 지구적 맥락에서 인식하려 했다. 그러나 당시 콜롬비아는 게릴라전으로 인한 국내의 정치적 위기 상황에서 한국전을 반정부 게릴라 운동의 연장선에서 바라보았다. "대서양변에 사는 라틴아메리카인들은 지정학적 관점에서 대서양변에 위치하지 않은 국가보다 아시아 사건에 관심이 더 집중된다. 특히 콜롬비아는 이러한 지정학적 중요성을 인식하는 국가 중 하나다. 단지 오늘의 세상만을 생각하는 것이 아니라 내일의 세상을 주시하는 것은 매우 현명한 것이다. (……) 훈련과 전투전술 그리고 신예무기를 게릴라전에 투입함으로써 실제적으로 무능한 반란세력을 만들 수 있는 것이다."124)

당시 주요 보수신문이 국제 분쟁을 통해 반공주의를 국가 통치이념으로 내세운 것은 보수 정권이 직면했던 국내 정치적 상황을 반영한 것이었다. 패권주의적 양당체제 속에서 반정부 게릴라 활동으로 전개되는 일련의 국내소요 사태에 직면한 보수 정권은 반공주의 이념을 정치적 기득권을 유지하기 위한 억압의 도구로 사용할 뿐만 아니라 진보적 이념이 출현하는 것을 제약하는 데 매우 효과적으로 활용할 수 있었기 때문이다. 에꼬 나시오날의 사설은 이를 잘 반영하고 있다. "국제공산주의 팽창에 맞서 콜롬비아는 의심할 여지없이 서구 자유민주주의국가와 입장을 함께 한다. 동시에 UN 헌장의

---

123) *Vanguardia Liberal*, 1951년 2월 22일, p.3.
124) *El Espectador*, 1950년 7월 15일, p.4.

신성한 원칙을 수호하기 위해 공산주의세력을 저지하는 것은 당연한 것이다."125)

콜롬비아 정권은 반공주의를 사회적 갈등의 실상을 은폐, 왜곡하고 정치적 기득권을 지키기 위한 억압적 도구로 이용했다. 진보적 이념에 대한 탄압이 국가로부터 이루어지는 것을 목격한 국민들의 의식은 보수적 테두리를 쉽게 넘어서게 하지 못했다. 한편, 법을 동원한 강제적 방법을 통해 국민 의식의 보수화가 촉진되었다. 그러므로 진보적 이념이 출현하는 것을 제약하고 그에 따라 보수 일변도의 정치이념이 오랜 기간 동안 콜롬비아의 정당정치를 지배해 왔다.

다양한 이데올로기가 허용되지 않은 상태에서 콜롬비아 정당들은 보수적 정당으로서 높은 동질성을 띠었다. 또한 보수적 정당으로서의 기본성격을 유지하면서도 진보정당의 기반까지 자신의 틀 속에 흡수하려는 시도를 해왔다. 비올렌시아 직후 좌우대결의 혼란 속에서 반공주의는 콜롬비아 사회의 유력한 정치이념으로 부상했다. 반공주의는 국민을 강하게 결속시키는 기능과 동시에 기존질서에 도전하는 모든 대항이념을 제압할 수 있는 강력한 무기로 봉사했다.

한국전쟁 이후 반공이데올로기의 실천을 곧 정권 유지의 도구로 활용하였으며, 정치적 갈등 자체를 반공주의로 인식했다. 국가의 통치이념으로서 반공이데올로기는 한국전에 콜롬비아군 파견의 정치적 의미를 객관적으로 검토할 여지를 축소시켰고 반론의 입장이 개진될 기회를 제약했다. 한국전의 콜롬비아 파병은 콜롬비아 국민의 반공의식이 보다 강화되는 계기가 되었다.

전통적인 양당을 대변한 주요 일간지 엘 띠엠뽀와 에꼬 나시오날은 공산주의 침략을 저지해야 하는 당위성에는 같은 입장을 취했으

---

125) *Eco Nacional*, 1951년 4월 24일, p.4.

나 여야는 당리당략을 바탕으로 입장 차이를 유지했다. 자유주의 일간지 엘 띠엠뽀는 당시 국가에 만연한 심각한 재정적 위기와 인플레이션의 원인이 보수 정부에 의해 운영된 경제정책에서 비롯된다고 지적했다. 그리고 보수정권은 색깔론을 전개하여 국내공산주의 근절이라는 차원 아래 자유파 인사에 대한 탄압을 진행하고 낡은 당파적 적대심을 부활함으로써 자유당의 국내 존립기반 약화를 기도한다고 강조했다.126)

결국 콜롬비아의 한국전 파병은 국내의 안보적 위기를 조성하였고 이 과정에서 보수 정권의 반공 이데올로기는 한층 적실성 있게 주입되어 콜롬비아 국민의 보수 의식은 보다 강화되는 계기가 되었다. 따라서 당시 국민들은 보수 정권의 한국 파병 결정에 별다른 반발이 없었다. 한국전의 도미노 현상을 고메스 정권이 효율적으로 홍보할 수 있었고, 이는 국민의 반공의식 강화의 계기가 되었다.

1948년 가이딴의 암살은 국내정치적 불안의 원인이 되었고, 경찰의 정치화와 군이 정치무대에 등장하는 기회가 되었다. 또한 국가의 위협적 세력으로서 국내 게릴라 반란이 최고조에 달했던 시점에서 한국전 참전은 보수 정권에게 좋은 기회를 제공했다. 집단안보 보장에의 도덕적 책임과 간접적인 국가방위, 그리고 자유세계의 민주주의 수호라는 명분적인 파병결정 동기 이외에도 보수 정권의 안정 유지를 도모하고자 하는 국내정치적 요인이 한국 파병에 가장 중요한 요인이 되었다.

결국 콜롬비아 정부가 한국전 파병을 결정하게 된 가장 결정적인 요인은 미국의 대콜롬비아 경제원조가 약화되고, 비올렌시아를 전후하여 보수 정권의 정치적 지위가 위협받는 상황에서 한국 파병에

---

126) *El Tiempo*, 1950년 7월 23일, p.4.

적극적으로 응함으로써 국내에서 그의 정치적 지위를 강화하고 안정시키는 데 있었다.

로제나우는 후진국 지도자들은 국내 불안을 대외관계에서의 위기로 관심을 돌려 해결하려는 경향을 갖고 있음을 지적했으며, 로제 크랜스도 국가의 엘리트 불만은 국가 간의 불안정한 관계와 밀접한 상관관계가 있을 것이라고 했다.[127] 웰켄벨트는(Jonathan Wikenfeld) 대내외 모순 간의 연계기능을 인정하고 특히 개인지배 체제 및 중앙집권 체제에서는 내부 혼란이 대외적 갈등과 연계되고 있음을 밝히고 있다.[128]

제3세계 약소국에 있어 국내의 정치 불안에 따른 정권의 위기를 타개하는 방안으로 강대국에 의존하면서 국내의 반대 세력을 억압하는 것은 일반적인 현상이다. 콜롬비아 보수 정부의 경우 미국과의 강화된 협상 지위를 통해 국내정치와 경제문제를 해결하는 데 있어 한국 파병 결정은 결정적 계기가 되었다.

3. 경제적 요인

1950년 집권한 라우레아노 보수 정부의 가장 중요한 목표는 정치 안정과 동시에 경제발전이었다. 따라서 콜롬비아군의 한국전 파병 동기에 있어 경제적 요인이 내재되어 있음을 조명해야 할 것이

---

127) James N. Roseanu, *Domestic Sources of Foreign Policy*, (New York: Free Press, 1967), p.25: 이상우, 국제관계이론: 국가 간의 갈등원인과 질서유지, (서울: 박영사, 1979), p.235.

128) Jonathan Wikenfeld, *Conflict Behavior and Linkage Politics*, (New York: David Mckay, 1973), pp.107-123.

다. 국내정치 불안으로 인해 보수당은 위기를 타개하기 위한 하나의 정책적 돌파구로서 한국전 파병을 결정했을 가능성이 성립된다. 미국의 파병 요청이 제기되는 상황 속에서 보수 정부는 소극적인 대처방안을 마련할 수 있었음에도 불구하고 한국 파병을 통해 강화된 대미 협상력을 바탕으로 정권의 안정과 경제적 원조를 통한 국익의 증진을 추구하였다고 볼 수 있다.

콜롬비아의 대외정책은 수출 시장 확대와 국내경제 발전을 위한 경제를 보조하는 한 방편으로 간주되었으며 또한 국내정책을 수행하기 위한 국내의 정치 연장선상에서 이해되었다. 그러므로 콜롬비아는 국제정치무대에서 주요 활동국가로 부각되지 못했다. 외교정책은 경제적 목적 달성을 위해 수행되었다. 이러한 의미에서 커피는 대외관계를 결정하는 가장 주요 변수로서 국익을 대변하는 역할을 담당했다.

콜롬비아에서 커피조합(La Federación de Cafeteros)은 대외정책의 성공여부를 결정하는 주요 기관이었다. 또한 1960년대 말 창설된 상공회의소는 수출증진과 타국과의 경제관계의 다양화를 위해 정부로부터 많은 역할과 권한을 부여받음으로써 콜롬비아의 대외정책은 커피조합, 상공회의소 그리고 마약 관련 집단과 군부의 역할을 부각시켰다. 이러한 구조에서 외무부 장관은 임시적 외교정책을 운영할 수밖에 없는 한계를 가졌다. 다양한 집단에 의한 외교정책 운영은 콜롬비아 대외정책의 특징이었다.[129]

1898년 미·서 전쟁에서 승리한 미국은 이미 19세기 말부터 군사

---

129) Gerhard Drekonja, *Retos de la Política Exterior Colombiana*, (Bogotá: Fondo Editorial Cerce, 1983); Rodrigo Pardo and Juan G. Tokatlian, *Política Exterior Colombiana: De la subordinación a la autonomía?*, (Bogotá: Tercer Mundo, 1988), pp.56-58.

적 우위를 바탕으로 라틴아메리카대륙의 경제와 정치를 장악함으로써 이 지역의 대미의존도와 종속은 심화되었다. 경제발전을 위한 막대한 미국 자본이 라틴아메리카에 유입되었고, 중미와 카리브 해 연안 국가들에서는 농업부문을 중심으로 미국의 다국적 기업 진출이 시작되었다. 미국으로부터 유입된 자본은 광업과 토지개발에 집중되었으며, 도시하부구조 건설에서 투자가 촉진됨으로써 라틴아메리카와 미국의 관계가 강화되었다. 그로 인해 1차 상품의 주요 수출 시장이었던 유럽 지역, 특히 영국과의 경제적 관계는 약화되었다.

1903년 파나마의 분리 독립을 계기로 악화된 미국과 콜롬비아의 관계는 미·서 전쟁과 제1차 세계대전 이후 세계강국으로 부상한 미국과의 공조체제유지를 중심으로 한 수아레스(Marco Fidel Suárez: 1918-1922) 대통령의 외교정책과 파나마 운하가 기능하기 시작한 1914년 톰슨-우르띠아(Thomson-Urrtia) 조약이 체결됨으로써 정상화되었다. 미국이 2천 5백만 불을 콜롬비아에 배상할 것을 주요 골자로 한 수아레스의 미라르 알 뽈로(Mirar al Polo) 독트린 발표 이후 미국자본의 유입을 통한 생산 분야에서 활발해진 경제 활동은 콜롬비아가 국제 사회에서 미국의 입장을 적극 지지하는 계기가 되었다. 미국자본은 영국과 라틴아메리카의 관계를 완전히 대체해 나갔다. 대미무역은 강화되었고, 콜롬비아 경제의 대미의존은 심화되었다.[130]

1930년 대선에서 자유당의 후보로 정권을 장악한 에레라 대통령은 수아레스의 대외정책을 기조로 친미노선의 대외정책을 추진했다. 집권당시 세계경제위기로 인한 외채문제와 수출 감소로 국가경제는 파탄에 이르렀다. 에레라 정부는 무역정책과 관련해서 수입관

---

130) Fernando Cepeda Ulloa, *op. cit.*, p.13.

세 인하를 통한 외국기업 유치에 적극적으로 나섰다. 이러한 정책의 결과로 특히 유나이티드 후루츠 컴퍼니와 석유부문의 다국적 기업은 많은 특혜를 누렸고 미국자본을 바탕으로 한 기업 활동은 활발해졌다. 그러나 국제경제의 위기상황은 정부의 경제발전 추진 노력을 뒷받침해주지 못했다. 경상수지 적자해소를 위해 도입된 새로운 차관은 오히려 국가경제의 위기를 심화시키면서 대미의존을 강화시켰다. 결국 에레라 대통령의 대외정책은 실패를 초래했다.

미국에서 1933년 정권을 장악한 루즈벨트(Franklin D. Roosevelt) 행정부는 미 해군의 반복된 무장개입으로부터 부라보(Bravo) 강 남쪽에 위치한 국가들에서 유래한 반미감정 처리방안의 일환으로 미주 국가들과의 관계를 개선해 갔다. 쿠바와 니카라구아를 시작으로 라틴아메리카에서 위기상황이 내재함을 인식한 미국 정부는 미주지역 운영 전반에 걸친 수정 작업을 진행했다. 미국과 라틴아메리카의 군사적 관계는 강화되기 시작했고, 몬떼비데오(Montevideo)에서 개최된 제7차 범 미주회의에서 "그 어떠한 국가도 타국의 국내 또는 대외문제에 간섭할 권리가 없다"는 불간섭 원칙을 채택했다.

미주 국가 간의 동등 원칙과 주권존중의 기반 위에 실행된 미국의 선린우호정책은 무엇보다도 콜롬비아 정부가 경제문제를 주요 외교문제로 부각시킬 수 있는 기회를 제공했다. 미국과의 관계정상화를 위한 선결요건이었던 외채 지불문제는 콜롬비아 대외관계의 핵심이었다. 루즈벨트 정부의 선린우호정책과 산또스 대통령의 미국 다국적 기업의 진출을 위한 제도적 방안을 마련함으로써 난항을 거듭하던 외채문제는 합의에 도달했다.

1938년 미국은 콜롬비아의 주요 수출 대상국이 되었다. 전체 수출의 54%를 차지하는 커피는 총생산의 80%가 미국으로 수출되었다. 그러나 제2차 세계대전은 커피수요의 감소를 동반했고 국가경제의 위기를 초래했다. 산또스 정부는 커피에 대한 정부 보조금 마련 등 긴급대책을 강구했다. 이를 계기로 콜롬비아는 커피 가격문제를 둘러싸고 최초로 국제무대에서 주도적인 외교 협상을 전개했다. 1940년 뉴욕에서 개최된 제3차 범 미주회의에서 산또스 정부의 노력의 결실로 수출할당제에 대한 합의가 마련되었다. 이와 같이 커피는 콜롬비아 경제의 원동력으로써 대외관계의 중심축으로 활약했다.

바나나 역시 콜롬비아와 미국 양국 외교에 있어 중요사안이었다. 바나나 생산과 수출의 49%는 미국 시장에 의존했다. 그러나 미국의 다국적 기업인 유나이티드 후루츠 컴퍼니의 바나나에 대한 독점적인 상업화는 국내생산과 수출에 커다란 영향을 주었다. 뿌마레호 정부는 유나이티드 후루츠 컴퍼니에게 판매계약 기간을 2년으로 제한하면서 국내생산자 보호를 위한 법적 조치를 마련했다.[131]

이러한 정부의 노력은 다국적 기업의 불만을 고조시켰고, 양국관계에서 바나나의 중요성은 부각되었다. 1941년 주미 대사의 중재로 뿌마레호에 의해 시행된 규정에 따라 최고 2년까지 생산자와 계약한다는 내용에 협의가 이루어졌다. 반대로 석유부문에 있어 해외자본의 유입은 수아레스 정부에 의해 합법화된 이후 에레라와 뿌마레호의 집권 기간 동안 수정을 거듭했지만 바나나 문제와는 달리 국제무대에서 미국과 협력 체제를 유지했다.

1946년 에레라 대통령은 커피가격유지, 공업발전, 농업증진 등 국내경제문제를 중심으로 정국안정과 안보에 주력하여 외교정책을 추진했다. 극우주의 고메스와의 경쟁으로 인한 보수주의의 분열로

---

131) *Ibid.,* pp.21-23.

권력을 장악한 에레라 정권은 새로운 대외정책을 주체적으로 수행할 수 없었다. 미소 대결 구도의 냉전이라는 당시 국제정치의 시대적 상황은 군사적으로 약한 국가가 대외정책을 주체적으로 추진할 수 있는 여지를 남겨두지 않았고 미소 양 진영 중에서 한 쪽을 선택해야만 했기 때문이다.

미국과 소련은 제2차 세계대전 기간 동안 공동의 적을 패망시키기 위하여 협력을 했지만 전쟁 종결 후 서로 다른 체제를 유지하기 위하여 적대적인 관계로 접어들기 시작했다. 냉전 초기에 소련은 동유럽 국가들의 위성화에 심혈을 기울였고, 미국은 유럽 전체의 공산화를 막기 위하여 봉쇄정책을 추진하였다. 이 기간 동안 소련의 팽창정책과 미국의 봉쇄정책은 군사적 방법뿐만 아니라 정치와 경제적 수단도 주요 도구로 사용하였다.

미국은 마샬플랜으로 유럽의 전후 복구사업을 지원하기 위한 새로운 조치를 강구했다. 이것은 서유럽 국가들의 혼란을 틈타 공산세력이 선거에서 승리하는 것을 막기 위한 경제지원 이었다. 미국은 120억 달러를 지원했고, 이 계획은 유럽에 대한 소련의 영향력을 봉쇄하는 효과적인 도구가 되었다. 미국은 이 계획으로 유럽을 부흥시켜 자생력을 갖게 하는 동시에, 미국의 유럽 개입을 유지할 수 있는 발판을 마련하였다.

1950년에 시작된 고메스 정권의 대외정책은 공동의 적인 공산주의 위협 아래 미국과의 공조체제를 유지하기 위한 정책으로 전환되었다. 그러나 이러한 반공주의 노선의 채택은 미국과의 긴밀한 관계유지를 통한 경제적 목적 달성을 염두에 두고 진행한 것이었다. 반공주의는 미국과의 새로운 관계 구축을 위한 가장 견고한 도구였기 때문이다. 콜롬비아 정부가 냉전의 심부름꾼으로서의 역할을 수

락한 것은 경제적 관점에서 가장 유리한 고지를 점하기 위한 기초
라는 확신에서 비롯된 것이었다.[132]

미국의 경제지원 문제는 고메스 집권 당시 콜롬비아 재정 지원
개발 프로그램을 수행하기 위해 방문한 세계은행 조사팀에 의해 구
체화되었다. 냉전의 산물로서 국내에 소개된 반공주의는 미국과의
관계 증진을 통해 국가 경제 개발 프로그램을 추진하기 위한 매개
체로 작용했다.

1950년대 초 미국의 대외정책에 관해 콜롬비아 정부는 "라틴아메
리카에게 있어서 미주 지역 공동방위조약의 정치적 목적은 2차적 동
기에 불가하다. 미주 대륙 상호공동 방위 조약을 통해 라틴아메리카
가 기대했던 것은 경제발전과 사회진보를 위한 미주 지역 협력의 효
과적인 처리다. 그러나 미국은 이러한 라틴아메리카의 기대에 부응
하는 체제의 변화를 꾀하지 않고 있다. 미국 정부는 정치적 그리고
이데올로기적 프로그램만 관심을 갖고 있다"[133]면서 미국의 대라틴
아메리카 정책의 불신을 표명했다.

워싱턴 회의에서 미국은 미-라틴아메리카의 상호군사협력을 강
조한 반면, 라틴아메리카는 라틴아메리카의 낙후된 경제발전을 위해
기술과 재정적 지원을 통한 사회 경제적인 현안 해결에 있어 미국의
역할에 더 큰 기대를 했다.[134] 그러나 콜롬비아 경제지원에 대한 미
국의 미온적 대처는 대미관계 신뢰에 크나큰 실망을 주었다. 양국의
기본적인 이해관계가 상호 작용되는 과정에서 미국은 반공주의 노선

---

132) Nieto Rojas and José María, La Batalla contra El Comunismo en Colombia, (Bogotá: Empresa Nacional de Publicaciones, 1956).
133) Fernando Cepeda, op. cit., pp.33-35.
134) Eduin Lieuwen, Armas y Politicas en América Latina, (Buenos Aires: Sur, 1965), p.84.

을 지속시켰으며 콜롬비아는 군사와 경제적 실리 추구로 국내 정치
적 안정을 도모했다.

군사 동맹을 통한 미국과의 경제 협력관계를 강조한 주간지 사바
도와 세마나는 라틴아메리카의 반공 노선과 미국의 공산권 대외정책
이 근본적으로 일치되고 있었으나 미국이 유럽보다 국가이익의 기본
선상에서 라틴아메리카를 상대적으로 하위에 두었음을 비판했다.[135]

미국은 한국전에 대한 미국과 라틴아메리카 상호 군사협력을 강
조했으나 라틴아메리카는 상호 경제협력과 한국전이 그들의 경제에
미칠 영향에 1차적 관심을 가졌다. 한국전 참전보다 낙후된 경제발
전 촉진을 위한 기술 재정적 지원을 원했으며 이것이 결국 공산주
의 내외적 침략을 해결하는 것이라는 입장을 취했다.

워싱턴 회의에서 라틴아메리카 측은 미국이 서구의 마샬플랜과
같은 개발지원을 라틴아메리카에 제공하기를 요청했으나, 미국이
거절하자 미국에 대한 반감과 불안이 증대되었다. 또한 라틴아메리
카 측이 요구한 경제지원에 동의하지 않음으로써 미국의 대라틴아
메리카 정책의 우선순위에서 한계가 드러났다. 결과적으로 미국과
라틴아메리카의 서로 다른 이해관계는 군사협력과 공산주의 침투에
대한 서반구의 집단안보를 확인하는 워싱턴 선언에 라틴아메리카가
동조하고, 미국이 라틴아메리카 경제문제 해결을 위해 협력할 것을
약속함으로써 합의점을 찾았다.

콜롬비아의 경우 한국전 참전은 미국과 콜롬비아 양국 공히 자국
의 이익에 기여할 수 있었기에 전후 최고의 동맹관계가 성립할 수 있
었다. 결국 고메스 정부는 미국과의 관계강화를 통한 경제발전과 정
치적 안정을 도모하고자 한국 파병을 단행하였고, 미국과 콜롬비아의

---

135) *Sábado*, 1952년 3월 15일, pp.3, 6; *Semana*, 1951년 4월 21일, pp.21-22.

양국 관계는 한국전 참전 기간에는 최고의 협력관계를 유지했다.

콜롬비아의 보수 정권은 미국과의 동맹관계가 군사적 차원에만 국한된 것이 아니며 경제협력을 강화함으로써 양국 동맹의 근본적인 목적을 달성할 수 있다고 강조했다. 전후 미국이 유럽의 경제복구를 위한 지원과 비교하여 라틴아메리카에 대한 미국의 투자는 매우 열악한 것임을 지적했다. 이러한 고메스의 입장은 당시 일간지 사설에 그대로 반영되어 있다. "(……) 그러나 이러한 상황 아래 미국은 라틴아메리카 정치를 규정해서는 안 되며 라틴아메리카에게 비싼 대가의 희생을 강요해서는 안 된다. 라틴아메리카는 이미 미국의 최고 경제적 동반자이다. 라틴아메리카 대륙이 실제적으로 필요로 하는 원조는 단지 군사적인 차원에 국한된 것이 아니라 경제적인 것이다. 라틴아메리카에 대한 미국의 경제적 지원은 유럽과 아시아의 전후 복구사업의 일환으로 지원한 것과 비교한다면 매우 열악한 것이다. 미국의 관심은 오로지 반공주의 그리고 반민주적 세력을 견제하는 것일 뿐 민주적인 정부가 제대로 운영되고 있는가에는 관심도 없다. 그와 같이 경제관계를 소홀히 하면서 국제공산주의에 대항하는 것은 반공주가 양국관계의 유일한 것임을 강조할 뿐이다."[136] 또한 에꼬 나시오날은 사설을 통해 콜롬비아 경제는 재정비되어야 하며, 미국과의 관계는 군사적 차원에서뿐만 아니라, 경제적 협정을 중시하여 "세상문제에 문을 열어야한다"[137]고 주장했다.

앞에서 살펴본 1952년 7월 5일자 엘 씨글로의 사설은 콜롬비아 정부의 한국 파병은 미국의 정치 군사적 요청과 콜롬비아 정부의 이해관계가 합치된 것임을 파악하는 데 도움을 준다. 콜롬비아 정

---

136) *El Siglo*, 1952년 7월 5일, p.4.
137) *Eco Nacional*, 1950년 12월 17일, p.4.

부는 자유우방의 지원이라는 명목 하에서 한국전 참전을 결정하였지만, 그 이면에는 강화된 미국과의 협상력을 통해 경제발전을 도모하려는 의도가 있었음을 짐작케 한다. 양국의 기본적인 이해관계가 상호 작용되는 과정에서 미국은 반공주의 노선을 지속시켰으며 경제지원에 대한 미국의 미온적 대처는 대미관계 신뢰에 실망을 주었다. 결국 보수 정부는 미국의 파병 요청에 소극적인 대처방안을 마련할 수 있었지만, 한국전 파병을 통해 정권의 안정과 미국으로부터 경제 원조를 추구했다고 볼 수 있다.

1951년 인플레이션을 비롯한 국제 경제의 위기는 콜롬비아의 국내경제에 악영향을 미쳤다. 보수주의 일간지 디아리오 데 콜롬비아는 한국전쟁이 국내경제에 미치는 영향을 언급하고 있다. 콜롬비아 커피생산 조합은 한국전쟁이 미군에 의한 커피수요의 증가로 가격에 있어 유리한 조건을 형성할 것으로 기대했다.[138] 엘 리베랄은 전쟁으로 인한 국제 시장의 위축과 인플레이션의 가중으로 국내경제 위기가 초래 되었으며, 이에 대한 정부의 미온적인 대처는 국가의 실리를 제대로 반영하지 못하는 무능한 외교정책에서 비롯됐다고 비판했다.[139]

자유당은 국가 경제의 심각성에 대해 보수 중앙정부의 수동적 태도에 대해 강도 높은 비판을 가하면서 국내경제 악화로 파생된 어려운 현실을 극복할 수 있는 방안을 모색했다. 엘 띠엠뽀는 국내 커피생산조합과 정부는 한국전쟁이 커피와 쌀 수요의 증대를 가져와 국내경제의 긍정적으로 작용할 것을 기대했다.[140]

---

138) *Diario de Colombia*, 1953년 5월 4일, p.4.
139) *El Liberal*, 1950년 7월 9일, p.10; 1950년 7월 12일, p.4; 1950년 11월 23일, p.4.
140) *El Tiempo*, 1950년 7월 2일, p.1.

　자유당은 정부가 국방과 집단안보의 궁극적 목적 및 국가이익의
목표 등을 제대로 파악하고 있지 못한다고 평가했다. 미국의 국가
적 이해와 콜롬비아의 국가적 이해가 동일하다고 보는 시각이 지양
되어야 한다고 제시하며 한국전을 둘러싸고 진행된 여야 공방전에
서 반공 명분론, 경제적 실리론 등을 포함한 상황적 불가피론의 제
기를 비난했다.

　반면 보수주의 일간지 디아리오 데 콜롬비아는 한국전쟁으로 인
한 세계경제 침체의 원인은 정부의 대외정책 실패에서 비롯된 것이
아니라 강대국의 경제가 무기생산에 집중한 나머지 군수산업이 일
반산업을 압도하는 과도기적 과정에서 비롯됐다고 주장[141]하면서
심각한 국가경제 상황에 대해 책임을 추궁하는 여당의 공세에 대응
했다.

　한국문제의 국제화로부터 미국과 라틴아메리카와의 관계는 구체
화되었다. "최근 열린 미주 외상회담에서 미 국무부 장관 에치슨
(Dean Acheson)은 라틴아메리카 외상들에게 미국의 반공주의 투쟁
에 동참해줄 것을 촉구했다."[142] 그러나 한국문제를 둘러싸고 미국
이 추진한 대라틴아메리카 외교정책은 긴장을 초래했다. 라틴아메
리카 측이 요구한 경제지원이 제대로 이루어지지 않음으로써 미국
의 대라틴아메리카 정책의 우선순위가 드러났다.

　엘 띠엠뽀와 엘 에스빽따도르는 미국과의 동맹관계는 미국의 반
공주의 정책에 가려져 실질적 동맹의 목적인 경제적 관계가 소홀히
다루어지고 있음을 강조했다. "미국은 공산주의 침략의 위급한 상
황 아래 민주주의 원칙을 수호한다는 명분으로 라틴아메리카의 단
결을 촉구하지만 이러한 대륙적 단결은 라틴아메리카가 요구하고

---

141) *Diario de Colombia*, op. cit., p.4.
142) *Semana*, 1951년 4월 21일, no.235, p.21.

있는 경제 관계의 개선으로는 이해되지 않는다."[143]

또한 미국과 라틴아메리카의 관계가 단지 미국이 가장 큰 경쟁국인 소련과의 경쟁을 염두에 둔 군사와 정치적 관심 아래 추진되었음을 지적했다. "아시아에서 현재 진행되고 있는 소비에트 팽창을 둘러싸고 라틴아메리카대륙은 국제무대에서 미국이 패권을 유지하는데 있어 그 어떠한 위협도 가하지 않는다. 그러나 라틴아메리카대륙의 최대 관심사인 경제문제가 미국에게는 2차적 관심이라는 것을 우리는 수용해야만 한다."[144]

콜롬비아의 양당은 한국전쟁과 관련하여 미국의 입장에 대해 전폭적인 지지를 표명했다. 그러나 이러한 미국과의 관계가 단지 군사적 차원에만 국한된 것이 아니라, 경제적 관계를 강화하기 위한 노력이 수반되어야 한다고 언급했다. 전후 미국의 유럽 경제복구를 위한 투자와 비교해 라틴아메리카에 대한 지원이 매우 열악한 것임을 강조하여 양당은 미국의 대라틴아메리카 정책에 대한 불신을 표명했다.

콜롬비아의 한국전 파병의 원인이 안보와 정치적 요소가 중요한 변수로 작용하였다는 것은 사실이다. 그러나 미국은 한국전 개입을 정당화하고 아시아에서 자유진영의 결속을 보여주기 위해서 라틴아메리카의 참전을 추진한 반면, 콜롬비아의 입장에서는 군사개입의 보상으로 군사 및 경제적 지원을 추구한 것이었다. 참전의 정당성 논의와는 별도로 콜롬비아 정부의 입장에서 참전은 경제적 실리 추구 의도가 잠재해 있었다. 대내적 정당성이 약화되고 존립기반이 흔들리면서 보완할 정책적 기제를 발견한 고메스 정권은 한국 파병을 미국과의 관계 강화와 경제적 안정의 유인책으로 적극 활용하였

---

143) *El Tiempo*, 1952년 2월 12일, p.4.
144) *El Espectador*, 1950년 8월 21일, p.4.

다고 볼 수 있다.

4. 군사적 요인

제2차 세계대전 이후 냉전의 구도 속에서 미국은 소련과 중공을 중심으로 한 공산주의 세력의 저지를 서반구 안보에 있어 1차적 정책목표로 삼는다. 이러한 미국의 정책에 라틴아메리카의 동참을 촉구하며, 미국은 라틴아메리카를 대상으로 범미운동(El Movimiento Panamericano)을 전개했다. 각국의 정치적 안정을 위협하는 내부적 요소를 근절하고, 국가 존립에 도전하는 무력적 공격에 공동으로 대처해 나아갈 것을 결의하는 집단안보(La Seguridad Colectiva)체제를 구축했다.[145]

집단안보체제 정책의 주요 골자를 요약해 보면 다음과 같았다. 우선 라틴아메리카는 미국에게 공군 및 항만기지를 개방하고 미국의 군수산업에 필요한 원자재를 제공한다. 둘째 미국은 보충병과 군수품을 라틴아메리카에 공급한다. 셋째 미국은 신무기 대여와 동시에 파나마에 위치한 군사학교에서 실시하는 미 군사프로그램을 통해 라틴아메리카 장교들을 대상으로 현대식 군사교육을 담당한다.[146]

미국의 군사원조계획은 제2차 세계대전 이후 외교정책의 중요한 구성요소였다. 미국은 외국군대를 훈련시키고, 무기 공급과 재정지원을 하는 데 900억 불 이상을 소비하였다. 미국 군대는 범세계적으로 20만 명 이상의 외국군 장교와 외국 군대의 반수 이상을 훈

---

145) *Eco Nacional*, 1951년 4월 2일, p.4; *Vanguardia Liberal*, 1951년 4월 1일, p.3.
146) Edwin Liwen, *op. cit.*, p.231.

련시켜 내보냈다. 비 공산권 세계의 거의 전부인 85개국 모두가 어떠한 형태로든 미국의 군사원조를 받았던 것이다.

중남미에 대한 미국의 원조계획은 극히 일부임에도 불구하고 그 비용은 25억 불을 넘는다. 1946년 이래 800명 미만의 중남미 장교들이 미국에서 고등군사과정을 이수했다. 미군 훈련과정 수료자 중에 차지하는 중남미 군인의 비율이 상당히 높은 수준을 유지하여 1950년 이후 7만 명 이상이 미국의 군사원조계획 하에서 훈련을 받았다.[147]

라틴아메리카는 지역적 근접성으로 인해 제3의 서반구 세력의 침입으로부터 미국 대륙을 공동 방위하는 협조적 측면이 강조되었다. 전략적으로 라틴아메리카 지역은 미국이 적대세력의 분쇄를 위한 전략기지로 사용할 수 있는 역할을 담당했다. 또한 정치적으로 UN과 같은 국제기구에서 라틴아메리카의 지지 여하가 미국의 위신과 지도력에 영향을 미친다는 점에 있어 라틴아메리카와의 긴밀한 관계유지는 미국에게 매우 중요한 것이었다. 더욱이 핵 및 미사일 전략시대인 제2차 세계대전 이후 라틴아메리카 안보에 있어서 미국의 군사력과 방위 공약은 불가피한 것이었다.[148]

20세기 중반 실현된 여러 회담을 통해 범미 대륙 안보정책이 논의되었다. 서반구에 현상유지를 위한 안정적인 주권 확립을 목적으로 한 미주 지역 내 분쟁 해결 논의를 계기로 미주기구가 성립되었다.

제2차 세계대전에서 중립적 위치를 유지한 라틴아메리카는 1941

---

147) 김영명, 군부정치론, (서울: 도서출판 녹두, 1991), pp.137-138: 미국의 대외원조에 관한 보다 자세한 내용은 Richard J. Barnet, *Intervention and Revolution*, (New York: Mentor Book, 1972), pp. 315-333 참조.

148) 민만식, 라틴아메리카의 대외관계의 기본성격과 그 변화과정, 한국외국어대학교 박사학위논문, (1973), p.43.

년 12월 7일 일본의 진주만 공격 이후 일본과 외교관계의 단절을
통해 워싱턴과 공조체제를 유지했다. 콜롬비아의 경우 주축국과 우
호관계 단절은 에레라와 산또스 자유당 정권의 친미 외교정책에 반
대해온 극우 보수주의의 반발을 초래했다. 그러나 진주만 공격 이
후 콜롬비아와 미국은 미주 지역 안보에 관한 논의를 시작했고, 보
고따와 워싱턴 사이의 협상은 콜롬비아군의 장비 강화를 위한 미국
의 원조계획을 포함시켰다.

1942년 리우 데 자네이루(Rio de Janeiro) 정상회담에서 라틴아
메리카의 국내정치를 위협하는 나치와 파시즘에 공동으로 대처할
것을 논의했다. 동시에 제2차 세계대전 주축국과의 우호적 관계 재
고를 촉구했다. 1944년 아르헨티나는 긴밀한 관계를 유지해온 독일
과 일본과의 관계 단절을 시도했다. 멕시코 차플텍펙(Chapultepec)
에서 채택된 강령을 통해 집단안보체제가 형성되었고, 1947년 리우
회담에서 공동방위 조약이 체결되었다. 이러한 조약을 통해 미국은
라틴아메리카 대륙의 냉전개입을 가속화했다. 집단안보체제 구축을
통한 공동방위 조약은 공산주의 팽창에 대한 미국의 대외정책 일환
으로 추진되었으며, 또한 민족주의 물결과 민중주의 경험이 살아있
는 라틴아메리카 대륙에서 반미주의를 차단할 수 있는 방안으로 활
용되었다.149)

1947년 8월과 9월 리우 조약체결로 상호공존에 관한 미주공약
(TIAR: El Tratado Interamericano de Asistencia Recíproca)이 조인
되었다. 1948년 4월 제9차 범미주회의가 보고따에서 개최됨으로써
미주공약이 승인되었다. 이 협정에서 라틴아메리카 국가들은 자국의

---

149) Aguirre Manuel, *Imperialismo y Militarismo en América Latina*,
   (Bogotá: América Latina, 1977), p.13.

생산품에 대한 유리한 무역 조건과 경제문제 해결을 위한 협정 마련에 노력을 기울였다.

제2차 세계대전 이후 미국은 공산주의 위협의 대처방안으로 중남미 국가들에 대한 경제 원조를 강화했다. 경제, 사회 그리고 문화부문에서 협조의 중요성이 미주기구 헌장에서도 강조되었기 때문에 중남미 국가들은 미주기구를 경제, 사회, 문화 발전의 토대가 될 것으로 기대했다. 리우 회담에서 중남미 국가 대표들은 제2차 세계대전의 복구사업으로 미국이 유럽에 지원을 승인한 마샬플랜과 같은 경제재건을 위한 지원 계획 수립을 요구했다.[150]

가이딴의 암살과 국내정치의 혼란으로 연기된 보고따 회담에서 라틴아메리카 국가와 미국 사이의 상충된 이해가 드러났다. 라틴아메리카는 경제적 의제에 관심을 갖은 반면, 미국은 군사적 이해에 관심을 집중했다. 라틴아메리카는 서구동맹 회원국으로서 반공주의를 수락하는 대가로 미국의 경제적 지원을 요청했다. 결국 경제문제는 다음 회의가 개최될 부에노스아이레스에서 검토할 것을 결의하고 미국의 제안을 받아들여 보고따 미주기구 헌장이 승인된 것이었다. 이와 같이 미주체제는 미국의 정책과 실행을 수용하는 경향을 보였다.

콜롬비아의 집권당은 1948년 콜롬비아의 수도 보고따에서 발족된 미주기구를 통해 지역 내 분쟁을 평화적으로 해결하려는 노력과 동시에 지역안보에 있어 미국의 지도적 위치를 인정하면서 회원국들의 결속을 다지는 등 이 기구에서 주도적인 역할을 담당했다. 당시 주요 주간지 세마나는 "라틴아메리카는 지정학적으로 대륙 안보

---

150) 강석영, "미주기구의 설립배경", 중남미연구, 제20권, 한국외국어대학교 중남미연구소, (2001), p.55.

를 위해 세계평화기구가 지원하는 미국의 대외정책에 협력해야 할
의무가 있다"[151]고 강조했다.

라틴아메리카는 냉전체제에서 미국과 강력한 유대를 과시했다.
트루먼 독트린 이후 체결된 상호공존에 관한 미주공약(TIAR)을 통
해 라틴아메리카는 국제 분쟁에 미국과 공동으로 대처해 나갈 의무
가 부여되는 한편 군사적으로 대미의존도가 강화되는 계기가 되었
다. 또한 동서 분쟁이 최고조에 달한 시기 미국과 군사 블록 형성
을 위한 다국적 또는 쌍무적인 군사협정 체결은 미국이 개입하는
그 어떠한 군사 분쟁에도 라틴아메리카는 자동적으로 개입해야만
하는 의무가 부여된 것이었다.

미 의회는 상호 공존에 관한 미주공약 협정을 구체화하기 위해
행정부로부터 권한을 부여받아 상호 보안법을 승인했고, 무기와 전
투장비의 대여 또는 판매 그리고 개인 군사훈련 등 동맹국의 결속
을 다지기 위한 임무를 수행했다. 군사 협정을 계기로 라틴아메리
카 군부는 신무기 사용 경험과 새로운 형태의 전투에 대비한 신 군
사 모델을 수용했다.

콜롬비아는 뻬레스 집권기인 1949년 체결된 미국과의 군사협정
을 통해 4년간 미국으로부터 군사장비의 지원을 받았다. 미국은 더
글라스(Dogulas) C-47과 F-47 (Thunderbolt) 수송기 그리고
B-25-J (Michell)와 무기 공급은 물론 파나마에 위치한 군사학교에
서 라틴아메리카 고급장교들의 새로운 군사교육을 실시했다.[152]

미군사원조의 진정한 목적은 대게릴라 전쟁에 대한 군비를 확충
시키고, 장교와 사병들 사이에 반혁명적 타도를 강화시키기 위한

---

151) *Semana*, 1951년 4월, p.21.
152) Russell W. Ramsey, *op. cit.*, pp.161-162.

정치적인 것이었다. 중남미 군사요원에 대한 미국식의 이념주입은 미국정책의 추종과 묵인을 조장하고, 국가이익에서 비동맹의 개념을 배제하며, 다국적 기업을 지원하고 이에 우호적인 발전이념을 뿌리내리려고 시도했다. 군사원조계획에 의한 차관 및 신용판매를 통해 이루어지는 중남미로의 무기이전은 그 지역 장교들에 대한 영향력을 발휘하고 미국 군사고문단의 참여를 확보하는 것을 2차적 목표로 삼고 있었다. 결국 군사원조계획은 중남미의 종속적 저개발 국가들에 대한 미국의 지배권 장악에 중요한 역할을 담당했다.[153]

실질적으로 20여 개국만이 참여한 이러한 군사협정은 라틴아메리카 지역에서 광범위하게 수용되지 않았다. 특별히 콜롬비아에게 이 협정은 국내의 군 강화측면에서 의미가 매우 컸다. 미 군사 고문단(El Group de Asistencia y Asesoria Miliar)의 콜롬비아 방문을 시작으로 모든 라틴아메리카 지역에 신예 미군장비가 투입되었으며, 무기사용법과 개인 군사훈련 그리고 군사전략과 전술교육이 시작되었다. 이러한 군사동맹을 통해 미주 대륙 군의 단결을 공고히 하는 제도적 장치가 마련되었으며, 한국전 발발을 앞두고 구체화되었다.

미국식훈련과 군사고문단의 활동으로 중남미 군부의 장교들은 자본집약적 첨단기술의 병기를 보유한 현대적군의 이미지를 갖게 되었다. 미군을 모방대상으로 삼음으로써 미국식의 장비, 행정체계, 우편제도, 연금제도 그리고 봉급체계에 대한 장교들의 요구를 조장했다. 그리고 군사원조계획은 중남미 군부의 직업화 수준을 향상시키는 미국과 중남미 간의 조직적, 군사적 기술이전을 포함하고 있었다.

---

153) Edwin Lieuwen, "Militarism in Latin America: The Kennedy Administration's Inadequate Response", *Inter-American Economic Affairs*, no.16, (1963), pp.13-16.

이러한 기술이전은 미 군사고문단의 활동에서 가장 두드러졌다.

미군 요원에 의한 직접훈련은 중남미 군대의 기술적 세련화와 조직 능력향상에 크게 기여했다. 훈련이 주로 하급 장교와 퇴역장교들을 위한 기술 위주의 단기과정으로 구성된 것은 사실이었지만, 고위수준의 교육에 참여한 장교들에게는 주요 직책을 맡을 능력과 자국의 군사학교에서 동일한 교과목을 가르치고 참모본부가 존재하지 않는 곳에서는 이를 만들 수 있는 자질을 심어주었다.154)

또한 군사기술 이전은 간접으로도 군부의 직업화를 진작시켰다. 새로운 무기체제의 도입은 처음에는 미군의 훈련을 동반했지만, 이는 새로운 학교 및 훈련계획의 도입 즉 고도의 기술능력의 진작을 요구하게 되는 것이었다. 결국 미국 군사원조계획은 수용국 군대의 기술능력을 향상시키고, 장교들의 전문화 훈련의 질과 양을 고조시켰다. 간단히 말해 군사원조계획은 중남미 군부의 직업화 수준을 향상시켰다.155)

미주 대륙의 집단안보체제의 구축과 함께 1942년 리우 외상 회담에서 구체화된 미국의 군사외교정책을 계기로 콜롬비아군의 미군 종속 과정은 시작되었다.156) 콜롬비아 정부는 당시 군사적 주권 능력이 취약한 상태에서 대외적으로 미국에 더욱 의존적인 자세를 조장하는 대외정책 구조를 야기하였다. 그로 인해 국가이익을 중심으로 다원적으로 전개되는 국제적 역학구조에 자율적인 적응능력을 둔화시키는 결과를 초래했다.

1951년 미주기구 주최로 워싱턴에서 개최된 제4차 미주외상회담

---

154) 김영명, *op. cit.*, pp.148-150.

155) *Ibid.*, pp.148-152.

156) Rosa Gómez and Juan Valdes, *Intervención Militar Yanqui en Colombia*, (Bogotá: Frente Social, 출판년도 미기재), p.40.

에서는 한국문제를 둘러싸고 공산주의 팽창에 대한 라틴아메리카대륙의 대처방안에 관해 논의되었다. 콜롬비아의 주요 일간지들은 미주 대륙의 단결을 촉구하고, UN과 미주기구를 통해 대륙의 공동방위에 대한 도덕적 책임을 강조했다. "미주기구는 UN의 결의를 존중한다. 인권보호와 민주주의 수호에 대한 의무 그리고 자유와 민주정부 체제 유지를 위해 부여된 의무를 미주기구는 지지할 것을 선언한다."[157]

엘 시글로와 에꼬 나시오날은 미주기구의 집단안보체제의 도덕적 책임을 강조한 일간지로서 대남 무력적화에 공동으로 대처할 것을 촉구했다. "평화 시에만 단결할 것이 아니라 전시에도 국제적 권리와 독립 그리고 미주기구의 일부를 구성한 모든 민족들의 자유를 수호하기 위해서 단결해야 한다."[158] 방구아르디아 리베랄, 엘 띠엠뽀, 엘 에스빽따도르와 같은 자유주의 신문과 보수성향의 신문인 엘 씨글로, 에꼬 나시오날은 자유세계의 민주주의 수호를 외치며 한국전 참전의 대외명분을 강조했다. 그리고 한국문제에 대한 UN과 미주기구의 결의를 지지하고, 대륙적 차원에서 공산주의 팽창에 공동으로 대처할 것을 촉구한 미국정책에 동조했다.

워싱턴에 모인 라틴아메리카 외상들은 한국문제에 관하여 미국정책에 동조하는 상호 군사 참여협정을 결의했다. 고메스는 콜롬비아 정부와 국민은 국내재원과 국제적인 관례 그리고 국익이 허용하는 범위 내에서 한국 지원을 위한 가능한 노력을 다할 것이라는 공식적인 입장을 취했다. 대통령은 콜롬비아 외교정책 결정의 가장 핵심적인 최종 결정권자였다. 한 국가의 최고 지도자인 대통령이 국가의 주요 결정에 미치는 영향력의 정도는 그 사람의 성격 및 태도

---

157) *El Tiempo*, 1950년 6월 29일, p.1.
158) *El Siglo*, 1950년 3월 15일, p.12; *Eco Nacional*, 1950년 7월 1일, p.8.

와 정치체제의 유형에 따라 상이하게 나타난다. 키신저는 어느 한 국가의 대외정책의 형식과 실체는 흔히 "정권을 장악하고 있는 자의 리더십의 성격적 소산"[159]이라고 말했다.

대외적으로 표명된 명분과 대국민 홍보적 측면의 언급이 주조가 되어 여당의 공식 대변인 역할을 담당했던 일간지 엘 씨글로와 에꼬 나시오날을 통해 고메스 대통령의 입장을 살펴보았다. 고메스 대통령의 한국전 참전에 관한 인식은 1951년 초 참전에 즈음하여 명시되어 있지만 그 이전부터 콜롬비아군 파병 가능성이 간헐적으로 제시된 바 있었다. 1950년 6월 28일 엘 씨글로의 사설을 살펴보자. "(……) 국제무대에서 전개되고 있는 역사적 현실 앞에 콜롬비아는 외무부 장관을 통해 자유와 평화를 수호하고 국제적 조약을 준수한다는 입장을 분명히 유지한다. 이것은 민주국가인 콜롬비아로서는 물러설 수 없는 가장 기본적인 원칙이다."[160]

고메스 대통령은 1950년 6월 26일 트루먼에게 보낸 서신을 통해 UN의 일원으로 그리고 미국의 동맹국으로서 국제 평화와 안전을 위해 한국전쟁에 참전하겠다는 의지를 표명했다. "존경하는 투르먼 대통령의 탁월한 지도력 아래 미국은 민주주의 체제를 수호하는 제국으로서 세계평화를 수호하기 위해 전념하고 있다. 이러한 상황 아래 콜롬비아는 국민과 정부의 이름으로 국제적 협약의 이행은 물론이고 UN과 미주기구의 회원국으로서 부여된 의무에 의거하여 국제적 차원에서 진행되고 있는 한국의 공산침략 저지를 위해 미 정부와 협력할 준비가 되어있다. 우리는 미국의 동맹국으로서

---

159) Henry Kissinger, "Domestic Structure and Foreign Policy", *Comparative Foreign Policy*, (New York: David Mckay Company, 1971), pp.33-45.
160) *El Siglo*, 1950년 6월 28일, p.4.

미국에 대한 지지와 양국의 우정을 다시 한 번 확인할 수 있는 이 기회를 놓치지 않는다"[161]면서 한국전 참전에 관심을 표명함으로써 미국과의 강한 유대를 과시했다.

콜롬비아 보수정권은 한국전쟁을 인식함에 있어서 내전 내지 민족 해방 전쟁이라는 제3세계 일반 인식과는 달리 기본적으로 미국의 의견과 마찬가지로 소련의 후원에 의한 북한의 한반도 공산 적화를 추구하는 국제공산주의 침략의 일환으로 평가했다. 또한 한국전쟁이 국지화하지 않고 곧바로 국제화된 데는 국제 냉전이라는 요인이 직접 작용하고 있었기 때문이라고 인식했다. "스탈린은 자신의 세계적화 전략을 실현하기에 앞서 미국과 서방의 반응을 살피기 위해 남침을 시도하였다. 중국 대륙의 공산화에 이어 북한의 남침으로 남한적화의 성공함으로써 미국의 위신을 떨어뜨리고 소련의 무력을 과시하여 아시아의 다른 지역의 공산세력을 고무시키려고 하고 있다."[162]

전통적인 방위동맹에 지나지 않던 북대서양조약기구 NATO가 미국인을 최고 사령관으로 하는 통합적인 군사 기구로 개편해야 함을 주장하고, 동시에 세계적 차원 및 지역적인 차원에서 공산주의 위협에 대처해야 함을 강조했다. 그러므로 미국의 한국전 개입은 냉전전략의 형성과정에서 지역정책으로서의 타당성이라는 관점을 갖는다. "자유세계의 대의와 라틴아메리카대륙의 반공태세 정비를 위해 우리는 한국의 공산침략에 대응하는 서구세력과 입장을 함께 할 것이었다. 우리와 대치하고 있는 것은 국제공산주의 세력이었다. 자유세계의 대의와 반공태세의 정비를 위해 공산주의 팽창을 저지하기 위한 미국의 노력에 동조해야만 했다."[163] "오늘의 문제는 근

---

161) *El Tiempo*, 1950년 6월 30일, p.1.

162) Eco Nacional, 1950년 12월 12일, p.4.

163) Eco Nacional, 1951년 4월 24일, p.4.

본적으로 힘의 문제다. 즉 공산주의 세계에 대항하는 자유세계의 투쟁이 바로 그것이다."[164]

정부는 콜롬비아군 파병 초창기에 공산 적대세력의 위협을 파병의 명분으로 강조했다. 국가안보의 관점에서 소위 도미노 이론에 입각하여 반공 자유우방에 대한 공산침략이 국내 안위에 직결된다는 입장을 통해 한국전 개입의 당위성을 부여했다. 공산주의 팽창은 자유세계의 대공 전선에 혼란과 차질이 발생함은 물론 라틴아메리카에 급진적 도발행위가 계속될 수 있는 기회를 제공하기 때문에 불씨를 미연에 방지하자는 것이었다.[165]

북미의 지정학적 관점에서 한국전쟁은 미국의 안보와 직결되며 즉각적인 무장개입은 정당행위로 평가했다. 한국전 참전에 관해 콜롬비아는 UN의 일원으로서 국제적 약속을 이행하고 또한 지역의 자유와 안보수호를 위한 임무를 다해야 할 것임을 강조했다.

1950년 7월 콜롬비아 외무부는 한국전 파병에 대한 어떠한 공식적인 선언도 하지 않았으나, 당시 외무부 장관인 소우르디스가 콜롬비아는 UN의 일원으로 국제적인 임무를 이행할 준비가 되어 있다고 밝힘으로써 대외 명분적 인도주의적인 측면을 강조하여 한국전 참전의 당위성을 부여했다. 같은 해 12월 29일 대통령은 파병부대 창설을 골자로 한 법령 제3927호를 승인하여 콜롬비아가 UN의 일원으로서 국제적 약속의 이행을 위해 한국문제에 개입하겠다는 입장을 공식화했다.[166] 본격적인 콜롬비아군의 투입 이전에도 고메스 대통령은 이미 한국 파병의 가능성을 예의 검토했다고 볼 수 있다.

---

164) *El Siglo*, 1950년 7월 26일, p.4.
165) *El Siglo*, 1950년 6월 29일, p.4.
166) *El Tiempo*, 1950년 12월 29일, p.1; *Diario de Oficial*, 1951년 5월 30일, p.1.

미국의 적극적인 한국전 개입은 콜롬비아의 참전으로 인한 안보와 경제 그리고 정치적 이해와 상호 작용하면서 1951년 한국 파병이 추진되었다. 제5차 UN 총회에서 당시 국방부 장관인 아르벨라에스(Roberto Urdaneta Arbeláez)는 육군중위 하이메(Navio Jaime)와 에레라(Oscar Herrera) 그리고 디아스(José Alfonso Díaz) 지휘 아래 구성된 순양함(Fragata Almirante Padilla)을 한국에 파병할 것을 약속했다.[167]

그러나 결과적으로 미국의 대외정책과 행동에 있어 서반구의 결속이 이루어지지 않았음을 보여주었다. 미국 정부는 소련에 의해 조종되는 북한의 공격을 국제공산주의 세계 팽창 전략의 일환으로 인식했다. 그러므로 한국전쟁은 세계평화기구의 기본 원칙을 무시하는 야만적 행위이며 미국의 국가이익의 위협으로 규정했다. 반면 라틴아메리카는 한국전을 서반구에 대한 공격으로 보지 않음으로써 상호 공존에 관한 미주공약상의 의무를 실행할 필요가 없다고 생각했다. 그러므로 실제적인 행동에 있어서 콜롬비아만이 UN에서 결정한 수에 도달하는 전투부대를 파견하였고, 쿠바, 브라질, 아르헨티나는 식품과 의약품을 UN을 통해 한국에 제공했다.

1951년 콜롬비아 정부는 한국으로의 파병을 구체화했다. 군사적 결정이 아닌 행정적으로 진행된 이 결정은 미국과의 관계 밀착에 대한 필요성과 미국의 전반적인 원조를 기대한 결정이었다. 다시 말해 미국의 파병요청이 제기되는 상황 속에서 보수 정부는 소극적인 대처방안을 마련할 수 있었지만 한국 파병을 통한 대미협상 강화로써 정권의 안정과 군사 경제 원조를 통한 국익의 증진을 추구했다.

보수 정부와 여당은 이념적으로도 반공 친미 정권적 성격을 띠고

---

167) *El Tiempo*, 1950년 6월 29일, p.4; *El Siglo*, 1950년 6월 28일, p.4.

있으며 한국 파병의 명분으로 반공과 자유우방 수호, 미국과의 관계 강화를 내세웠으나 실질적으로 파병으로 인한 미국의 군사 및 경제 원조가 증진됨으로써 실익을 기대했기에 파병이 감행되었다. 파병 당시 국가는 군·관료 등 국가부문이 민간부문을 억누를 수 있을 정 도로 과대 성장되어 있었기에 국민의 저항이 있더라도 이를 억제할 수 있는 기제가 구축되었다. 당시 대중의 반공 이데올로기 영향으로 여론의 상당한 지지까지도 받았다.

한국전쟁은 제2차 세계대전 이후 막강한 군사력을 바탕으로 세 계 강국으로 부상한 미국의 군사 전술과 최신 전투 장비가 투입된 전쟁으로서 한국전 참전을 통해 콜롬비아는 군의 전문화 및 장비의 현대화를 기대했다. 당시 콜롬비아군은 장기간의 비올렌시아로 인 한 무력감, 사기저하, 실전경험 부족 등 군 운영상의 문제점이 노 출되어 심기일전의 전환이 필요했다. 또한 참전의 경험은 국내에서 확산되는 반정부 게릴라 진압에 효과적으로 대응할 수 있는 능력을 갖추는 데 이바지할 것으로 판단되었다.

또한 정치적으로 불안정한 사회에서 군사 전문화 수준을 상승시 킴으로써 미국의 군사원조계획은 일반적으로 군부의 상대적인 정치 적 자원을 증대시켰다. 특히 군사원조계획은 민간정치력에 비하여 군대의 조직적 복합성, 훈련성, 적응성, 결집성 및 자율성 등을 고 양시키는 경향이 있다. 따라서 군사원조계획은 정치에 있어 군사적 역할의 확장과 정치과정의 본질적인 부분으로 쿠데타의 제도화를 촉진하게 된다.

비올렌시아 이후 이미 군부가 사회의 주도세력으로 성장하였으나 1950년대 초 한국 파병은 군부의 사회적 위상을 더욱 증대시켰다. 한국 위협에 따른 콜롬비아 국내 안위 문제의 증대는 군부의 중요성을 고양시켰으며 군부도 내부적으로 한국전 참전으로 인한 내부적 문제점을 외부로 진출시켜 해결함으로써 군의 전문화가 촉진되었다. 콜롬비아군의 참전은 군부에게 문제점을 해소하고 나아가 승진의 기회확대와 콜롬비아군의 현대화를 확보할 호재로 인식되었다.

참전 기간 중에 군사 원조를 받아 군부의 정치적 위치가 굳혀졌으며 사회 전반에 대한 억압적 통제 기구를 확충시켜 나갔다. 중남미 대부분의 국가가 당면한 깊은 사회적 갈등과 정치적 불안 상황하에서 군부의 직업화 고취는 보다 조직적이고 지속적이며 군사 지배적인 군의 정치개입을 유발하는 것이었다.[168]

또한 한국전은 국가안보에 대한 위기의식을 일상화시킴으로써 군의 중요성을 부각시켰다. 따라서 콜롬비아군의 한국전 참전으로 파생한 미국의 군사원조와 군사교육의 제도화 그리고 1950년대 이후 콜롬비아 사회는 통치엘리트가 군 출신으로 충원되는 외형적 변화와 같은 경로를 통해 군의 사회적 지위 강화라는 현상을 나타나게 했다.

---

168) 김영명, *op. cit.*, pp.139-159.

Ⅳ. 한국전 참전과 결과

UN의 부름에 콜롬비아 정부는 미국의 동맹국으로서 자유우방을
지원하겠다는 인도주의적 측면과 세계평화와 자유를 수호할 목적으
로 설립된 UN의 기본원리에 충실하겠다는 대외명분을 강조하면서
참전의 당위성을 부여했다.[169] 집단안보의 도덕적 책임과 자유세계의
의무에 따른 UN 총회 결의를 수행하기 위해 콜롬비아 정부는 한국
파병을 목적으로 바따욘 콜롬비아(Batallón Colombia)라 불리는 보병
대대를 창설했다. 본 장에서는 참전의 결정과정과 관련 인사의 증언
을 토대로 파병부대의 편성 배경 그리고 파병의 결과를 살펴본다.

1. 참전의 결정과정 및 파병부대의 편성

한국전쟁은 냉전시대의 가장 극적인 사건의 하나로서 국제적 성
격을 띤 특이한 형태의 일종의 내전이었다. 왜냐하면 미·소 간의
갈등이 한반도 내에서 냉전을 굳히는 데 중요 역할을 했으며, 한국
전쟁의 국제화를 초래했기 때문이었다. 전쟁을 가능케 한 국내의
제반 사태와 그들 자신의 목적을 달성하기 위해 국내 사태를 이용
하려고 했던 국제적 환경요소가 결합한 것이 바로 한국전쟁이었다.
엘 리베랄은 "소련은 전략적으로 공산중국의 UN 가입 승인을 위
해 한국전쟁을 지휘하며 이를 통해 자신의 목표를 추구하고 있

---

169) *El Tiempo*, 1950년 7월 9일, p.1; *Vanguardia Liberal*, 1950년 6월
27일, p.3; *Diario de Colombia*, 1952년 10월 8일, p.4.

다"170)고 비판했다. 호르나다는 "한국에 대한 침략은 서구 세계에 대한 압박을 모색한 것으로 중공은 서구 민주주의국가에게 심각한 문제로 변했다"171)고 강조했다. 그러므로 한국전쟁은 미국과 소련에 의한 한국문제의 '국제화' 및 그와 병행된 한반도 안의 정치세력들에 의한 제반 국제문제의 '국내화'라는 양면성에서 비롯됐다고 볼 수 있다.

엘 에스빽따도르, 엘 리베랄, 호르나다와 엘 띠엠뽀는 유럽과 세계가 개입한 서구 강대국 사이의 분열로 시작된 전쟁이 제3차 세계대전으로 이어질 수 있음을 강조했다.172) 특히 엘 에스빽따도르는 한국전쟁이 단지 한국문제에 국한되는 것이 아니라 UN의 평화 정책과 무장노력에 관한 것이며, 동시에 국제적 합의와 정의에 관한 문제라고 언급했다.

당시 콜롬비아 주요 일간지는 공동으로 소련이 남한의 침략을 통해 자유세계를 위협하고 있다는 미국의 입장에 동조했다. 엘 씨글로는 사설을 통해 "이러한 상황 앞에 미국은 무력으로 대응할 것인지 아니면 포기할 것인지 두 개의 대안만이 있을 뿐이다. (……) 또한 오늘의 문제는 근본적으로 힘의 문제다. 즉 공산주의 세계에 대항하는 자유세계의 투쟁이 바로 그것이다"173)라면서 공산주의 팽창에 대한 미국의 강경한 입장을 대변했다.

주간지 세마나와 주요 보수 일간지 에꼬 나시오날은 한국전쟁이 미국의 안보와 직결되는 문제로서 미국의 군사정책은 UN 회원국의 군비 증강과 함께 집단안보체제를 통하여 실현되어야 함을 강조했

---

170) *El Liberal*, 1950년 10월 1일, p.4.
171) *Jornada*, 1951년 4월 13일, p.4.
172) *El Espectador*, 1950년 7월 9일, p.4; *El Liberal*, 1950년 11월 12일, p.4; *Jornada*, 1950년 12월 1일, p.4; *El Tiempo*, 1950년 12월 18일, p.4.
173) *El Siglo*, 1950년 7월 26일, p.4.

다.174) 결국 콜롬비아의 여론은 한국전쟁을 소련의 세계정복을 위한 첫걸음으로 간주하고, 전통적인 방위동맹에 지나지 않던 북대서양조약기구 NATO가 미국인을 최고 사령관으로 하는 통합적인 군사 기구로 개편하는 것을 촉구했다.

엘 띠엠뽀는 세계 및 지역적 차원의 공산주의 위협에 대한 인식에 있어 유엔의 역할과 권위 그리고 미국의 위신을 고려한 차원에서 평가했으며, 미국의 한국전쟁 개입은 냉전전략의 형성과정에서 지역정책으로서의 타당성이라는 관점을 견지했다. "미국의 전략적 입장에서 한국전쟁은 미국의 사활이 걸린 문제임과 동시에 대서양변 국가들 그리고 역시 UN에게도 위신에 관한 문제이기도 하다. 한국전쟁은 모든 회원국의 결의로 이미 제도화된 UN의 규범과 원칙이 분명히 유린당하고 있는 경우이며 UN의 전투이기 때문이다."175)

1950년 6월 미국 대통령은 북한 공산주의 침략에 대항하여 남한에 지상군 파견을 결정했다. 아시아에서 진행되는 국제공산주의 침략은 UN회원국의 한국전 개입의 정당성을 부여했다. 한국전쟁은 "세계평화 유지와 사회 안정이 요구될 때 UN 모든 회원국은 자국군을 UN 안보리에 배치하여야 한다"고 설정한 샌프란시스코 헌장 제43항이 실제로 작동하는 순간이 되었다.

극단적인 냉전의 상황 아래 세계 각국은 자국의 실리를 바탕으로 민감하게 반응했다. 방구아르디아 리베랄은 사설에서 "동양의 문제와 아시아의 수호는 매우 중요한 문제로서 공산주의에 의한 아시아 침략은 유럽 국가에게도 경제와 전략 면에서 볼 때 큰 의미를 갖는 것이다. 전체주의 위협으로부터 자유를 수호하는 것은 자유세계의

---

174) *Semana*, 1950년 5월 12일, no.238, p.16; *Eco Nacional*, 1951년 5월 19일, p.4.
175) *El Tiempo*, 1950년 6월 30일, pp.1, 19.

능력 여하에 달려있다"면서 집단안보체제의 도덕적 책임을 강조했
다.176) 엘 빠이스는 "오늘날 세계를 위협하는 것은 처칠과 미국 정
부가 직면했던 어제의 국내 사회주의와 같은 공산주의이다"177)라고
보도하며 반공주의를 강조했다.

  집단안보체제의 일환으로 한국전쟁을 통해 시작된 UN 소집에
대한 라틴아메리카 각 국의 반응은 다양했다. UN군의 일원으로 한
국 파병 가능성을 제시했던 콜롬비아를 시작으로 라틴아메리카 대
륙에서는 집단안보에 대한 도덕적 책임이 이행되었다. 아르헨티나
의 외상 헤수스(Hipolito Jesús)은 대통령과 사전 협의를 거쳐 파병
을 위한 자원병 모집을 검토했다. 니카라구아의 마나구아와 뻬루에
서도 자국군의 UN군 배치에 관한 논의를 통해 참전 의지를 보였
다. 브라질 역시 파병에 관심을 나타냈지만 다국적군 편성을 위한
자원병 모집은 구체화하지는 않았다.178)

  에꼬 나시오날을 비롯한 보수계 신문들은 공동방위 조약의 일환으
로 미국이 라틴아메리카에서 실시한 군사 전술 교육과 무기제공을
강조하면서 라틴아메리카 대륙이 자국군을 UN군의 일원으로 배치할
것을 촉구했다.179) 다국적군 편성을 위한 콜롬비아의 주도적인 역할
은 행정부 차원에서 진행되었고, 쿠바는 국무성의 까브레라(Roberto
Cabrero)와 군 사찰단장인 끼니로(Quiniro) 두 장군을 통해 UN 소집
에 응했다. 호르나다는 "최근 토요일 쿠바 대통령 쏘까라스
(Socarras)는 한국전쟁의 자국군 파병을 위해 의회에 파병 요구 안을
제출했다"는 보도를 통해 쿠바의 파병 가능성을 제시했다.180)

---

176) *Vanguardia Liberal*, 1951년 1월 23일, p.3.
177) *El País*, Cali, 1950년 9월 26일, p.4.
178) *El Tiempo*, 1950년 7월 17일, p.1.
179) *Eco Nacional*, 1950년 11월 18일, p.3.
180) *Jornada*, 1951년 2월 22일, p.1.

대륙 안보차원에서 시작된 공동방위의 도덕적 책임은 한국문제를 둘러싸고 최초로 그 효력이 발휘될 수 있는 순간임에도 불구하고 UN의 소집은 당시 콜롬비아 외상이었던 소우르디스 그리고 쿠바의 까브레라와 끼니로 장군에 의해서만 구체화되었다. 호르나다는 1951년 2월 25일 사설을 통해 "콜롬비아와 쿠바의 국제적 약속 이행에 관한 노력은 불행히도 라틴아메리카에서는 일반적인 모습은 아니다"[181]라는 미 워싱턴 포스트(Washington Post)지의 보도를 인용하여 콜롬비아와 쿠바의 예가 다른 국가의 모범이 되길 기대했다. 그러나 쿠바는 대통령의 파병 요구 안이 의회에 의해 무산됨으로써 콜롬비아만이 한국전에 전투병 투입을 구체화했다. UN 총회의 결의를 수행하는 차원에서 콜롬비아 정부는 법령 제1385호를 통해 한국문제에 대한 개입 의사를 공식화했다.[182] 이와 같이 한국전쟁에 관한 콜롬비아 정부의 직·간접적인 개입은 보수 정부가 한국전쟁 발발을 계기로 마련한 법령을 통해 구체화되었다.

〈표-5〉 한국전쟁을 계기로 공포한 법령

번호	날 짜	법령번호	내 용
1	1951년 5월 30일	1951년 1992	UN에 콜롬비아군의 배치
2	1951년 6월 22일	1951년 1385	UN 총회 결의 수행
3	1951년 8월 28일	1951년 1802	소비에트 영향 지역에 대한 금수조치
4	1952년 3월 14일	1952년 0786	"Almirante Padilla" 훈장과 관련하여
5	1952년 12월 16일	1952년 3064	순국용사와 관련하여
6	1953년 2월 19일	1953년 0421	양도 승인
7	1953년 3월 6일	1953년 6641	훈장에 관하여

출처: Diario Oficial, 1951-1953.

---

181) *Joranada*, 1951년 2월 26일, p.1.
182) *Diario Oficial*, 1951년 6월 22일, p.4.

한국문제를 둘러싸고 진행된 UN의 논의 과정에서 콜롬비아를 제외한 라틴아메리카 국가들은 한국 파병에 적극적으로 참여하지 않았다. "콜롬비아는 (……) 대서양 국가로서 세계적으로 합의한 민주시민의 권리와 국제적 약속을 존중한다."[183] "콜롬비아는 민주주의 원리를 수호하는 국가로서 UN의 군사적 행동을 지지하고, 남한에 대한 공산주의 무력 침략을 저지하는 것은 당연한 것"[184] 이라는 콜롬비아 외상의 연설을 인용하여 한국전 개입의사를 밝혔다. 이러한 외상의 입장은 국무성의 입장이 반영된 것이기도 했다.

콜롬비아 보수 정부에 의해 수용되고 진행된 파병의 단행은 초당적인 지지를 받았다. 그러나 고메스는 한국전 파병결정에 있어 의회 허가를 요청조차 하지 않았다. 중요한 외교정책을 결정함에 있어 국민을 대변하는 국회의 기능은 중요하다. 그러나 콜롬비아의 경우 행정부의 우위현상은 국회가 대통령을 중심으로 한 행정부가 입안한 정책을 합리화시켜주는 기능적 의미 이상을 벗어나지 못했다.

당시 대외정책을 주관하던 외무부장관 소우르디스는 전문 행정 관료집단이었지만, 주요 정책결정은 대통령궁인 까사데 나리뇨(Casa de Nariño)와 측근 핵심참모가 담당하였던 것이다. 구미 선진국의 경우와는 달리 콜롬비아 국회의 정책결정에 관한 영향력은 상대적으로 약했다. 외교정책 결정과정은 미국 등 선진국에서는 앨리슨(Graham T. Allison)이 제시한 관료정치 모델[185]이 적용될 수 있겠으나, 콜롬

---

183) *Eco Nacional*, 1952년 3월 18일, p.4.

184) *El País*, 1950년 10월 22일, pp.1, 12.

185) Graham T. Allison, *Essence of Decision*, ed., (Boston: Little Brown,1971); SD. Krasner, "Are Bureaucracties Important? A Re-Ex-amination of Accounts of the Cuban Missile Crisis", *Foreign Policy Analysis Project*, (Princeton: Princeton University, 1972), pp.159-179.

비아의 경우 그 유용성은 미약하다. 대통령중심체제의 권위주의적 결정과정에서는 대통령의 인식과 결단이 결정적인 정책결정에 핵심이 되었다. 한국전 참전결정에 있어서 적어도 집권세력 내부에서는 별다른 이견이 없었다. 국가안보의 중요 사항일수록 최고 지도자인 대통령의 인식이 가장 중요했을 것이며 실제 참전업무를 시행할 군 수뇌부의 태도가 결정적인 역할을 했을 것이다.

미국과 같은 선진 민주주의국가의 경우 의회는 행정부의 정책 결정과정에 심대한 영향력을 행사하고 있다. 그러나 당시 콜롬비아 의회의 기능은 비올렌시아로 인해 무기력 상태에 놓여 있었다. 즉 한국 파병문제는 미국의 요청과 행정부가 주도한 협상에 의해서 이루어진 것이다. 파병 결정과정에서 국회가 완전히 소외되어 있었다. 당시 의회의 기능은 행정부의 정책결정을 합리화시키기 위한 추인 기구에 지나지 않았다.

결국 한국전 참전 결정 당시 양당은 대중 정당을 표방하였으나 소수의 엘리트의 권력이 집중되는 고도로 중앙집권화 된 정당으로서 양당 엘리트들은 국가안보와 경제발전을 추진시키기 위한 실용주의 노선을 추종하였다. 한국 파병의 중요 정책 결정과정에 있어 국민 여론 수렴 내지는 민족주의적 이념보다는 현실주의적 국가이익을 택했다고 볼 수 있다. 더구나 콜롬비아의 대미관계는 정부뿐만 아니라 야당의 참전에 대한 입장을 억누르는 데 일조 했다. 권력을 장악했을 때 미국의 지원이 필요하다는 사실을 경험하였던 콜롬비아의 야당 지도자들은 미국의 파병 요청을 거절함으로써 초래될 미국과의 소원한 관계를 꺼려 직접적이고 적극적인 반대 입장을 삼가했다.

1950년 7월 1일 UN 안전보장이사회는 일본점령군 총사령관인 맥아더(Dauglas Mcarthur) 장군을 사령관으로 하여 미국을 중심으로 21개국의 참여 아래 연합군을 편성했다. 엘 띠엠뽀는 UN이라는 제목의 사설에서 "샌프란시스코 헌장 제43항이 실제로 그 효력을 발휘하고 있다. (……) 평화와 국제 안보를 위해 자국군은 배치한다는 조항은 한국 파병을 계기로 이행되었다"[186]면서 UN 회원국의 결속을 촉구했다.

콜롬비아의 한국전 개입은 고메스 대통령과 국방장관인 아르벨라스에 의해 구체화되었다. 1950년 9월 18일 장교를 포함해 190명의 승무원으로 구성된 순양함을 제공하며 UN의 일원으로서 또한 미국의 동맹국으로서 협력을 다짐하는 공식서한을 UN에 전달했다. 상원의원 알사떼(Gilbero Alzáte Bendaño)와 외상인 소우르디스는 1950년 11월 5일 "공산주의 팽창을 저지하고 우리의 운명을 보호하기 위해 한국전 파병을 결정했다. 콜롬비아는 순양함과 보병대대를 통해 한국전에서 투쟁 한다"고 정부의 입장을 대변했다.[187] 1950년 11월 14일 당시 주미 콜롬비아 대사 앙헬은 1086명으로 구성된 보병대대를 다국적군에 배치하고, 국제기구로서 UN의 역할과 임무가 요구되는 시점에 콜롬비아는 세계평화 수호를 위해 UN 회원국으로서 책임을 다하며 라틴아메리카에서는 유일한 한국 파병국임을 선언했다.[188]

미국의 적극적인 한국전 개입정책은 콜롬비아 정부의 참전으로 인한 안보, 경제, 정치적 이해관계와 상호 작용하면서 1951년 역사

---

186) *El Tiempo*, op. cit., p.4.
187) *El Tiempo*, 1950년 9월 28일, p.1; García Puyana Gabriel, *Por la Liberdad en la Tierra Extraña*, (Bogotá: Colección Bibliográfica Banco de la República, 1993).
188) Alberto Ruíz Novoa, "Colombia en Corea", *Revista Nueva Frontera*, (1978), p.7.

적인 콜롬비아군의 한국 파병이 추진되었고 구체적인 지원 방안을
논의하게 되었다. 1950년 12월 29일 고메스 대통령은 법령 3927
호를 통해 한국 파병을 목적으로 "바따욘 콜롬비아"라 불리는 보병
대대를 창설했다.

국제협약에 의거하여 UN군의 일원으로 공산주의 침략을 저지하
기 위해 파병될 부대는 1086명의 전투원으로 편성되었다. "1086명으
로 구성된 바따욘 콜롬비아로 부르게 될 참전 부대는 육군 중령의
지휘 아래 3개의 소총 대대와 중무장 보병대대 그리고 전투지원 중
대와 의무중대로 구성될 것이다."[189] 바따욘 콜롬비아라는 명칭은
1824년 볼리바르 장군이 지휘하던 콜롬비아 독립군의 이름에서 유래
했다. 바따욘 콜롬비아 독립군이 아야꾸초(Ayacucho) 전투에서 페
루의 부왕 라쎄르나(José de la Serna)를 패배시키고 남미의 독립을
이끌었으며 이후 바따욘 콜롬비아는 승리와 영광을 상징하기도 했
다.[190]

이와 같이 바따욘 콜롬비아는 군 내부의 합의가 아닌 정부의 행정
적인 결정에 의해 탄생되었다.[191] 결국 바따욘 콜롬비아의 창설은
미국과의 우호 증진과 미국의 다각적인 원조를 기대한 보수 집권당
의 정책에서 비롯된 것이었다.

1951년 법령 제54호에 따라 보고따의 수도 경비대 지휘관으로 책
임을 맡고 있던 육군 중령 뿌요(Jaime Polania Puyo)가 참전부대
를 지휘했다. 그리고 육군 대위 만시야(Alfredo Mancilla), 대위 또
바르(Alvaro Valencia Tovar), 대위 두란(Jaime Duran), 중위 앙가
리따(Agustin Angarita N)와 뿌야나(Gabriel Puyana G.), 그리고

---

189) *Ibid: Diario Oficial,* 1951년 5월 30일, p.1.
190) *El Siglo,* 1952년 3월 31일, pp.4, 12.
191) *El Tiempo,* 1950년 12월 29일, p.1.

소위 라마(Bernardo Lama. H)와 라이바(Mator Luis E. Layva)로 지휘관이 편성되었다.

육군 중령 뿌요의 명령 아래 무기를 인도하는 전통적 의식이 보야꺄(Boyacá) 다리에서 거행되었다. 그는 독립전쟁에서 승리로 이끈 조상의 숭고한 정신을 이어받아 후퇴 없는 용맹성으로 전투에 임할 것을 강조했다. 그러나 200명이 부대에서 이탈하였으며 이러한 공백은 예비역을 소집하여 대체해갔다. 사기업 직원 또는 공공기업의 직원, 농부 등 여러 지역으로부터 다양한 직업을 가진 모험가들이 하나의 유니폼 아래 서로 혼합되었다.[192]

1951년 5월 12일 바따욘 콜롬비아 부대는 국내 공산주의자들이 주도한 파병 반대 시위에도 불구하고 한국행을 위해 보고타 거리를 행진했다. 콜롬비아 독립의 요람인 보야까 다리에서 무기 인도식을 거행했다. 고메스 대통령은 보고타 볼리바르 광장(La Plaza de Bolivar)에서 파병 전 의식을 통해 "지금 진행되고 있는 전쟁에서 승리밖에 다른 어떠한 해결책이 없다"[193]는 연설로 파병군에게 전투에서 용감히 싸워 승리 할 것을 당부했다. 의식을 거행한 후 미군과 함께 실전 경험이 없는 바따욘 콜롬비아는 한국으로 향했다.

1950년 12월 29일 고메스 대통령은 법령 제 3927호를 통해 한국 파병을 목적으로 바따욘 콜롬비아라 불리는 보병대대를 창설했다. 콜롬비아의 한국전 참전용사회(ASCOVE)를 방문하여 실시한 인터뷰를 토대로 부대편성의 배경과 지원병 모집과정을 살펴보았다. 인터뷰에 참여한 참전용사는 까세레스(Julio Cacéres), 올라야(Rómulo Olaya), 로드리게스(Arquimedes G. Rodrigues), 포르뚜올(Benjamín Fortuol), 고메스(Pedro Pablo Gómes), 가비리아(Jorge H. Gaviría),

---

192) Alvaro Valencia Tovar, *op. cit.*, p.150.
193) *El Siglo*, 1951년 5월 13일, p.1.

세뿔베다(Luis A. Sepulveda) 그리고 링콘(Fidias Hincapie Rincon) 등이었다.

우선 참전용사들의 선호정당에 대한 질문에 인터뷰에 응한 참전 용사들 대부분은 자유당과 급진 자유파 지지자들이라고 대답했다. 또한 참전 장교와 하사관들의 선호정당은 모두 자유당이었다. 참전 용사 가비리아의 증언에 의하면 참전용사 대부분의 선호정당은 자 유당이었고, 그들은 군내에서 자신의 성(姓)과 출신 지역을 통해 자 신들의 정치적 성향을 노출시키지 않을 수 없었다고 했다.

콜롬비아의 정치적 특징의 하나로 지역주의를 꼽을 수 있는데 콜 롬비아는 각 지역별로 그리고 가족의 성(姓)별로 뚜렷한 정당의 색 채를 갖고 있었다고 했다. 당시 군은 각 병사의 출신 지역과 가족 의 성명에 따라 그들의 정치적 성향을 쉽게 구분할 수 있는 명단을 작성하였다.[194]

1951년 5월 21일 1086명으로 구성된 첫 번째 연대 파견을 시작으 로 1953년 7월 6일까지 모두 4개 연대 4058명이 한국전에 파병됐 다. 참전용사들의 증언에 의하면 첫 번째 연대와 두 번째 연대가 파견될 당시는 최전선에서 싸워야만 했던 시기였다. 그리고 연대의 구성원들은 장교를 포함해서 거의 모두가 자유당 지지자였다고 했 다. 이러한 현상은 특히 첫 번째 징집에서 두드러졌다. 세 번째와 네 번째 연대가 파견될 때는 휴전시기로 구성원들은 보수당의 지지 자로 조직되었다. 인터뷰에 응한 참전용사들 대부분의 선호정당이 모두 자유당이라는 것을 고려해 본다면, 한국전쟁의 최전선에는 대 부분이 자유당 지지자들로 구성된 연대가 파병되었음을 짐작하는 것은 어렵지 않았다.

---

194) Jorgé Valléjo Gaviría와의 인터뷰, 1996년 1월.

"바따욘 콜롬비아가 미군의 용병이었으며, 또한 보수 정부에 의해 고용되었는가"라는 질문에 일부는 그 어떠한 경우라도 용병은 아니었으며, 일부는 아는 바가 없다고 대답했다.

참전용사 대부분은 한국전쟁의 원인이 무엇이고, 한국의 위치조차 알지 못했다. 다만 파병 전 군에서 실시한 교육을 통해 공산주의를 적으로 싸워야 한다는 것과 개인적으로는 새로운 세상에 대한 호기심이 앞섰다고 했다.

세블베다(Luis Sepulveda), 가비리아와 빠블로의 증언을 통해 참전용사들은 참전의 계기가 되었던 국제문제에 대해서는 커다란 의미를 갖고 있지 않았다는 것을 알 수 있었다. "(세블베다) 한국전쟁은 나에게 있어 모든 종류의 무기를 경험할 수 있는 기회였다." "(가비리아) 나에게 참전은 상관의 명령에 따른 것뿐이었다." "(빠블로) 전쟁은 나에게 있어 아무 의미가 없었으며 바따욘 콜롬비아 부대로의 편입은 나의 동료의 권유에서 비롯된 것이었다."

참전용사들은 집단안보 보장의 도덕적 책임과 자유세계의 민주주의 수호라는 대외명분을 강조하면서 콜롬비아가 라틴아메리카의 유일한 한국전 참전국이라는 데 대한 자부심을 가지고 있었다. 공산주의에 맞서 전쟁에 참여한 부대원들은 콜롬비아인으로서는 당연한 의무였고 국가적으로는 영광이었다. "나와 나의 동료들 그리고 바따욘 콜롬비아 지휘관들이 한국에서 UN군의 일원으로 수행해야 하는 임무는 개인적으로는 하나의 영광이고, 라틴아메리카의 유일한 참전국으로서 국가의 이름을 드높이는 것이었다."[195]

그렇다면 "왜 콜롬비아가 라틴아메리카에서 유일하게 참전을 하게 되었는가"라는 질문에 병사였던 빠블로는 "UN의 회원국으로서

---

195) *Eco Nacional*, 1952년 10월 16일 p.7.

형제국인 한국의 위기 상황에 파병을 통한 협력은 당연한 결정이
다"면서 참전의 인도주의적인 대외명분을 강조함으로써 참전의 내
부적 동인에 대한 인식은 부족했음을 알 수 있었다.

참전 장교였던 또바르의 증언에 의하면 한국전 파병을 목적으로
탄생한 바따욘 콜롬비아 부대의 병사들은 군사적 훈련으로 단련되
었거나 전쟁 수행 능력을 갖춘 사람들로 구성된 것은 아니었다고
했다. 선별하거나 징집의 형태로 이루어진 것도 아니었으며, 자발적
인 의지로 조직된 것은 더더욱 아니었다. 그들 대부분은 각 지역수
비대에서 병역 의무를 수행하던 군인들로서 상관의 명령에 따른 것
뿐이었다.

참전용사에게 요구되었던 애국심과 군의 전문화에는 관심도 없었
다. 그들은 국내의 치안 유지를 위한 과도한 업무로부터의 탈출을
위해 한국행을 택했다. 많은 이들은 "정부가 양당의 갈등으로 파생
된 국내의 정치 불안을 이유로 정국안정을 위해 불필요한 사람들을
전투에 투입시킨다"고 생각했다. 또한 참전에 앞서 그들은 자국 내
의 평화가 담보되어 있지 않은 상황에서 왜 타국과 세계의 평화를
위해 싸워야만 하는지 반문하였다.[196]

파병부대인 바따욘 콜롬비아의 창설을 위한 지원병 모집방법은
병역 의무를 수행 중이던 병사들이 여러 수비대로부터 전출되어 왔
었다는 데에는 이견이 없었다. 까세레스는 "우리는 바따욘 콜롬비
아를 위해 국가의 여러 수비대로부터 전출되었다" 가비리아는 "바
따욘 콜롬비아 부대의 군인들은 군부 내의 강요에 의해 징집되었
다"고 언급했다.

이와 같이 파병을 목적으로 탄생한 바따욘 콜롬비아 부대의 지원

---

196) Alvaro Valencia Tovar, *Testimonio de una Epoca*, (Bogotá: Planeta,
1992), pp.149-150.

병 모집은 군의 강압적인 방법에 의한 것이었다. 결과적으로 이 새로운 부대의 창설은 개인의 의사에 기초한 것이 아니라 선발과정은 국가적 차원에서 이루어졌다. 올라야의 표현에 의하면 "정부의 행정적인 법령에 의거하여 군부는 상부의 명령에 따라 주어진 의무를 수행했을 뿐이다. 그리고 이 부대는 공산주의 독재체제에 의해 위협 당하고 있는 민족을 보호하기 위해 자유민주주의국가인 콜롬비아 국민에 의해 탄생한 것이었다."

콜롬비아 국민들은 국회의 파병 동의안에 지지하였다. 그러나 한국으로의 파병이 전통적인 양당의 지지를 받았더라도, 소수의 공산당원들로부터 저항이 있었음을 참전용사들의 증언을 통해 알 수 있었다. 대부분 전쟁의 직접적인 개입에는 지지를 하였지만 특별히 몇몇 도시에서 공산당원들의 주도하에 폭력적인 방법을 동원한 저항과 비판이 있었다. 까세레스의 증언은 매우 중요한 의미를 지닌다. "보고타에서 공산당에 의한 비판과 폭동이 있었지만 이러한 저항은 정부에 의해 통제되었다. 역시 몇몇의 도시에서도 이러한 폭동이 있었다."

참전에 관해 파병가족의 반응은 어떠했는가에 대한 질문에 대해 정부가 대외 홍보용으로 활용한 참전의 명분론과 당위성에 따라 파병을 찬성했음을 알 수 있었다. 그러나 바따욘 콜롬비아 부대의 구성원들은 상관의 명령 대상자로서 그들 가족의 의사와는 무관한 것이었다. 포르토울은 "나의 가족은 정부의 결정에 따랐다"고 언급했다. 고메스는 "나의 가족은 몹시 괴로워했다"고 증언했다.

결국 한국전 파병을 목적으로 탄생한 바따욘 콜롬비아 부대 창설을 위한 지원병 모집은 자발적인 의지가 아닌 각 수비대에서 병역의무를 수행하던 병사들로 이루어 졌으며 그들은 상관의 명령에 따른 것이었다. 또한 참전용사들에게 반공주의 교육 이외엔 전쟁의 원인과 국제정세를 비롯한 한국문제에 대해 제공된 교육과 정보는 거의 없었다. 단지 그들은 반공주의 전선에서 조국과 개인에게 할 당된 역할에 충실했을 뿐이었다.

2. 참전의 결과

1951년 5월 21일 콜롬비아군은 미군 함정 아이켄 빅토리(Aiken Victory) 호가 수송을 위해 대기하고 있는 부에나 벤뚜라(Buena Ventura) 항에 도착했다. 첫 번째 파병 연대는 1086명으로 구성되 었다. 부에나 벤뿌라 항에서 출발하여 부산에 도착하기까지 26일 동안 미 육군 빅토르(Victor A.) 대령의 지휘 아래 전쟁에 투입될 무기 실습과 정신강화 훈련 등 군사이론과 실습 교육이 실시됐다. [197] 1951년 6월 16일 토요일 부산항에서 도착한 바따욘 콜롬비아 부대는 대한민국 이승만 대통령과 정부각료 그리고 미군이 참석한 가운데 환대를 받으며 한국 땅을 밟았다.

미군 제24단에 배속된 콜롬비아군은 1951년 8월 7일 또바르 장군 의 지휘 아래 순찰 임무를 통해 첫 번째 전투에 투입되었다. 그 이 후 최전선에서 중공군과의 격전을 벌이면서 강화된 군의 면모를 보 여주었다. 1951년 8월 31일 일병 싸빠따(José Delio Zapata)가 순찰 임무를 수행하던 중 전쟁의 첫 희생자가 되었다. 콜롬비아 정부는 그에게 안또니오 나리뇨(Militar Antonio Nariño) 훈장을 수여했 다.[198] 10월 6일 중공군과의 전투에서 바따욘 콜롬비아 부대의 군

---

197) *El Tiempo*, 1951년 5월 25일 p.1; Rómulo Olaya와의 인터뷰, 1996년 1월.
198) *El Tiempo*, 1951년 12월 19일, p.1; *Revista Javeriana*, 1951년 11월

가를 작곡한 헤수스(Helio de Jesus)도 사망했다. 콜롬비아 정부는 1951년 11월 9일 법령 2325호를 통해 한국전 참전용사의 죽음을 애도하는 동시에 콜롬비아군의 높은 기상을 치하했다.[199]

이념적으로도 반공 및 친미성격을 띠고 있었던 고메스 대통령은 반공과 자유우방 수호라는 한국 파병의 명분을 통해 비올렌시아로 인한 정국 혼란 상황에서 국민의 애국심을 고양하고 자신의 정치적 독트린을 강화하기 위해 순국한 참전용사와 전쟁의 영웅들을 기리기 위한 일련의 법령들 (1952년 3월 14일 제 0786호, 1952년 12월 16일 제 3064호, 1953년 2월 19일 제 0421호, 1953년 3월 6일 제 6641호)을 마련했다.

1951년 10월 초 로하스 뻬니아 장군은 루이스(Corbéta Luis) 대위와 함께 바따욘 콜롬비아 부대를 격려하기 위해 한국을 방문했다. 콜롬비아 부대는 10월 5일부터 금성부근을 점령하고 순찰임무만을 수행했다.[200] 1951년 말 부상자와 사망자 발생에도 불구하고 거듭되는 전투 속에서 콜롬비아군은 맹위를 떨쳤다. 북한군에 의해 이미 점령된 38선 남쪽 지역의 탈환을 위한 치열한 금성전투에서 뿌요 대령이 부상을 당했다.

격렬한 반격전을 벌인 이후 바따욘 콜롬비아 부대는 UN 사령부의 지휘관들로부터 용맹성을 인정받고 미 제7사단에 배치되었다. 신병들에게는 매우 고되고 힘든 나날이었다. 그들은 제6주간 포로 야영지에서 숙박하며 고도의 군사훈련으로 신체와 정신을 강화했다. 강인한 신체를 바탕으로 혹독한 군사훈련과 신무기 사용에 대한 지속적인 훈련을 통해 콜롬비아군은 미군의 체계에 익숙해져 갔다.[201]

1952년 1월 18일 목요일 바르가스(Luis Galindo Vargas) 중위를 지휘관으로 7명의 장교와 140명으로 구성된 교체부대가 최전선에 도착했다.[202] 1952년 2월 12일 에르난데스(Victor Hernández) 중위의 지휘 아래 9명의 장교와 142명으로 구성된 부대가 부산을 출발하여 콜롬비아에 최초로 귀국했다.[203]

1953년 1월의 교전에서는 10명의 병사가 실종되었다. 실종자들은 일등병 로하스(Luis A. Rojas), 이등병 라미레스(Alvaro Ospina Ramírez), 병사 마체차(Jesús María Machecha), 마르띠네스(Efraín Alberto Martínez), 에스꼐로(Héctor Ramírez Esquerro), 리꼬(Manuel Salvador Rico), 링꼰(Juan de Jesús Rincón), 로바요(Alvaro Rovayo), 로드리게스(Jorgé E. Rodríquez), 실비아(Benedicto Silvia) 등이었다.

1953년 3월의 교전에서는 65명이 사망하고, 97명이 부상, 92명이 실종되었다.[204] 이후 실종자 92명 중에서 30명은 포로로 판문점에서 교환되었고, 나머지 62명은 모두 사망자로 밝혀졌다. 1953년 7월 1일을 시작으로 10월 23일까지 파병부대가 콜롬비아로 귀국하기 시작했다.

참전으로 인한 총 사망자는 156명으로 교전 중 143명이 사망하였고, 사고로 10명 그리고 로렌소(Villamil Lorenzo), 베세라(Becerra), 씨후엔떼스(Cifuentes) 3명은 자연사로 사망했다. 송환포로는 모두 30명이며, 전투 중 부상자 448명, 사고부상자 162명으로 총 부상자는 610명이었고 실종자는 모두 69명이었다.[205]

---

201) *Tribuna*, 1951년 8월 21일, p.1.
202) Alberto Ruiz Novoa, *op. cit.*, p.25.
203) *El Tiempo*, 1952년 2월 12일, p.1.
204) *Diario de Colombia*, 1953년 4월 27일, p.1.
205) 한국전쟁 참전용사회(ASCOVE)에서 제공한 사망자 명단, 포로명단,

〈표-6〉 한국전 참전 콜롬비아군의 사망, 실종 및 포로의 수

(1951년 5월 21일-1953년 7월 6일)

	구　　분	결　과
1	사　망　자	156명
2	부　상　자	610명
3	실　종　자	69명
4	송환포로	30명

전투를 통한 개인적 경험, 특히 빠른 기동력을 위한 장비의 최소화는 전투의 가장 필수적인 요소로써 실전 경험이 없던 콜롬비아 병사들에게는 중요한 교훈이 되었다.[206] 콜롬비아군은 이론적인 것 뿐만 아니라 실전의 경험을 통해 공격과 방어에 대한 가장 효과적인 대응 방안을 학습하게 되었다. 그리고 최전선 전투에 임하기 위한 기본 충족요건으로써 중장비와 함께 장거리 행진을 지속할 수 있는 병사의 강한 신체 단련은 군 전략 면에서 매우 중요하다는 교훈도 습득했다.

한국전 참전은 제1차 세계대전을 계기로 스위스와 독일을 모델로 형성된 콜롬비아군의 현대화 과정에 매우 중요한 의미를 지녔다. 실전의 경험을 토대로 습득된 지식은 콜롬비아군의 전략 강화에 도입되었다. 이러한 경험은 1950년까지 콜롬비아 군에게는 익숙하지 않았던 새로운 개념이었다. 이것은 전략과 군 작전 수행 능력 면에서 콜롬비아 군이 낙후됐다는 것을 의미했다.

한국전 참전을 통해 얻은 다른 중요한 경험은 병사의 정신 무장과 관련된 것이다. 병사의 정신 무장은 군 작전 이행과정에서 임

부상자 명단과 실종자 명단.
206) *El Siglo*, 1952년 10월 17일, p.1.

무 수행능력을 평가할 수 있는 매우 중요한 요소라는 것이었다. 정
신강화 훈련을 통해 고양된 애국심은 확실한 자극이 존재하지 않을
때도 전투병에게 투쟁의 동기를 부여했다. 군 내부의 중요한 요소
로써 정신강화 훈련의 필요성이 부각되었고, 병사의 정신무장 훈련
의 결과는 공격 면에서 검증되기 시작했다.[207]

　한국전쟁의 교훈은 게릴라전에서 효과를 나타냈다. 적의 공격 계
획을 사전에 차단하고 봉쇄하는 전략의 중요성이 인식되었다. 또한
위생, 수송, 우편과 식사공급, 의복, 장비, 의사진찰, 부상자를 위한
항공 서비스 등 물질적인 면도 전투력 증강에 매우 중요한 요소라
는 점을 인식하기 시작했다.

　결과적으로 한국전 참전의 경험은 콜롬비아 군이 당시까지 익숙
하지 않았던 새로운 군사이론의 도입을 의미했다. 실전에서 직접적
으로 습득한 집단적 혹은 개인적인 경험은 장교뿐만 아니라 군부
자체에도 영향을 미쳤다.[208] 한국전의 경험은 콜롬비아 군이 미군
을 모방하면서 미국식 장비, 행정체계, 우편제도 등 군대의 기술적
세련화와 조직 능력향상에 크게 기여했을 뿐만 아니라 장교들의 전
문화 훈련에서도 질적 양적 변화를 모두 초래했다.

---

207) Alberto Ruiz Novoa, *Revista Nueva Frontera*, (1997), p.8.

208) Alberto Ruis Novoa, *Enseñanza Militar de la Campaña de Corea*,
　　　(Bogotá: 출판사 미기재, 1956).

V. 결 론

　외교정책에 있어 동일한 국제적 상황에도 불구하고 개별 국가들의 외교정책이 서로 차별적이라는 점은 그 원인을 국내적 구조에서 찾게 되었다. 보수 정부가 제시한 대외명분이 진정한 참전의 동기였으며, 정부의 정치적 목적을 대표한다고 볼 수는 없다. 한 국가의 대외정책은 국가 내부에서 진행되는 정치, 경제, 군사 그리고 사회적 질서와 무관할 수 없기 때문이다.

　미국과의 관계 맥락에서 참전 요인으로 콜롬비아가 제시한 대의명분인 UN 헌장에 입각한 평화의 십자군이라는 논리는 상징적 명분에 지나지 않았다. 참전을 가속시킨 요인은 실제로 자체 내의 정치적 안정과 미국과의 강력한 결속을 위해서라도 파병은 불가피한 선택이었다. 집단안보 보장에의 도덕적 책임과 간접적인 국가방위, 그리고 자유세계의 민주주의 수호라는 명분적인 파병결정 동기 이외에 보수 정권의 안정 유지를 도모하고자 하는 국내정치적 요인이 한국 파병에 가장 중요한 요인으로 작용했다.

　한국 파병의 요인으로서 경제와 군사적 요인은 주로 미국과의 동맹관계에 따른 안보 및 정치적 요인과 반공이데올로기에 따른 자유우방의 협력이라는 대의명분의 견지에서 설명했다. 콜롬비아 정부의 한국 파병은 미국의 정치 군사적 요청과 콜롬비아 정부의 이해관계가 합치된 것이었다. 미국의 투르먼 대통령은 미국의 한국전쟁 개입을 정당화하고 아시아에서 자유진영의 결속을 보여주기 위해 라틴아메리카 국가들의 참전을 추진한 반면, 콜롬비아는 미국과 다른 아시아 우방국을 돕는다는 상징적 의미도 있긴 했지만, 군사개입의 보상으로 경제적 지원을 추구한 것이었다. 경제적 이익 추구는 참전 이후 조성된 부산물이라기보다는 파병의 결정과정에서 처음부터 고려된 변수였다.

콜롬비아 정부는 자유우방의 지원이라는 명목 하에서 한국 참전을 결정했지만, 그 이면에는 미국과의 협상력 강화를 통해 경제발전과 국내의 정치적 안정을 도모하려는 의도가 있었다. 결국 대내적 정당성이 약화되고 존립기반이 흔들리면서 보완할 정책적 기제를 발견한 고메스 보수 정권은 한국 파병을 미국과의 관계 강화와 경제적 안정의 유인책으로 적극 활용함으로써 정치체제의 안정화를 꾀한 것이었다.

한국 참전은 초당적인 지지를 받았다. 1840년대에 등장한 콜롬비아의 자유–보수 양당은 모두 소수 엘리트 중심의 정당이었다. 자유당이 내세웠던 이념의 목적도 식민 시대부터 유래한 사회경제 구조를 청산하기 위한 것이 아니라 그들의 특권과 이익을 지킬 수 있는 여건을 조성하는 데 있었다. 서구와 다른 발전 경로로 인해 콜롬비아의 정당들은 대중정당의 단계를 경험하지 못하고, 정치의식도 수반되지 않아 정치적으로 원자화되어 있는 유권자들은 정당의 정치적 동원 대상이 될 수밖에 없었다. 파병 결정 당시 양당은 소수의 엘리트의 권력이 집중되는 고도로 중앙집권화 된 정당으로서 양당 엘리트들은 국내정치 안정과 경제발전을 추진시키기 위한 실용주의 노선을 추구하였다. 양당은 한국 파병의 중요 정책을 결정하는 과정에서 국민의 여론 수렴 내지는 민족주의적 이념보다는 현실주의적 국가이익을 택했다고 볼 수 있다.

결론적으로 한국전쟁 참전의 동기는 당시 집권당인 보수당이 패권주의적 양당체제 속에서 국내 자유당 세력의 약화를 꾀하고, 참전을 계기로 얻은 신무기 사용의 경험 그리고 새로운 군사적 전략과 전술을 통해 국내에서 전개되는 반정부 게릴라 집단의 반란을 효과적으로 진압하고자 했던 정치적 전략에서 비롯된 것이었다.

콜롬비아군의 한국전 참전은 미국의 요청에 따른 불가피한 파병이라기보다는 당시 대내적 위기상황 속에서 보수 정부가 한국 파병을 주체적으로 선택함으로써 지배체제를 공고히 하려는 정치적 동기가 강하게 작용한 것이었다. 자유세계의 의무, 미국과의 동맹관계 강화 및 경제적 이익에의 관심과 국제적 명예를 높이고자 한다는 명분론적 근거보다는 참전 결정을 가속화시킨 계기는 다음과 같은 1940년대 중반 콜롬비아 사회의 내적 상황에서 찾아볼 수 있다.

첫째, 1940년대 중반에 양당 간의 갈등격화로 초래된 비올렌시아의 상황 아래 패권주의적 양당체제 속에서 집권당인 보수당은 야당인 자유당 세력의 기반 약화를 꾀하기 위한 정치적 전략에서 참전을 결정했다. 1946년 대통령 선거로 16년 만에 보수당이 정권을 장악한 후 소수 엘리트가 독점한 부와 권력은 민중에게 정치경제적 차별과 지속적인 박탈감 그리고 좌절을 안겨주었다. 결국 이러한 민중의 분노가 폭력 사태로 표출되었다. 특히 1949년 민중지도자인 가이딴의 암살 이후 양당 간의 갈등 격화로 확산된 대규모의 폭력 사태인 비올렌시아로 보수당은 사회의 통제 능력이 약화되어 권력 기반이 불안정하게 되자 자유당에 대한 폭력적 탄압을 시작했다. 군부는 도시를 중심으로 확산된 폭력 사태와 소수 자유당 지식인들이 주도하는 반정부 게릴라 집단의 활동을 계기로 비올렌시아 과정에 개입하고, 경찰도 자유당에 대한 가혹한 폭력적 탄압에 동원되었다. 자유당 세력의 존립기반 약화를 목적으로 진행된 군부와 경찰의 보수화 작업과 함께 한국전을 계기로 집단안보의 도덕적 책임이라는 명분론을 전개하면서 자유당 지지자들로 구성된 파병부대인 바따욘 콜롬비아를 창설하여 한국전에 개입했다. 보고따 사태 이후 자유당파 군부와 경찰 그리고 보수 독재체제에 반발한 지식인들의 지원으로 조직적인 게릴라 활동이 본격화되기 시작했다. 한편 집권당의 가혹한 탄압정치 아래 자유당 지식인들을 중심으로 조직적인 반정부 게릴라 집단의 활동이 비야비센시오를 비롯한 동부 평원에서 본격화되기 시작했다. 이러한 상황 아래 집권보수당은 무엇보다도 내부적으로 확산되는 소요 진압이 시급해졌다.

둘째, 반공이데올로기를 통한 국민의 보수화를 촉진시키며 정권의 통치 이데올로기의 활용방안으로 파병결정이 단행되었다. 비올렌시아 직후 자유와 보수 대립의 혼란 속에서 반공주의는 콜롬비아 사회의 유력한 정치이념으로 부상했다. 반공주의는 기존질서에 대립하는 모든 형태의 대항이념을 제압할 수 있는 강력한 무기로 봉사했다. 비올렌시아로 인한 인명과 재산피해, 그로 비롯된 두려움은 콜롬비아 국민의 보수화를 결정적으로 촉진시켰다. 한국전의 콜롬비아 파병은 보수 정권의 반공이데올로기가 한층 적실성 있게 주입되어 콜롬비아 국민의 반공의식은 보다 강화되는 계기가 되었다.

셋째, 실전 경험이 없는 장교와 병사의 파병으로 전투능력을 증가시켜 이에 따른 새로운 무기와 현대적 장비의 획득을 통해 군의 현대화를 꾀했다. 바따욘 콜롬비아의 한국전 참전은 군부조직의 강화를 초래하여 게릴라전에 효과적으로 대응할 수 있는 전략과 전투능력을 향상시켰다. 당시 콜롬비아군은 장기간의 비올렌시아로 인한 무력감, 사기저하, 실전 경험 부족 등 군 운영상의 문제점이 노출되어 심기일전의 전환이 필요했다. 이러한 상황에서 콜롬비아군의 한국전 참전은 군부에게 문제점을 해소하고 나아가 승진의 기회 확대와 콜롬비아군의 현대화를 확보할 호재로 인식되었다. 참전 기간 동안 콜롬비아 정부는 군사 원조를 받아 군부의 정치적 위치가 굳혀졌으며 사회 전반에 대한 억압적 통제 기구를 확충시켜 나갔다.

비올렌시아 이후 이미 콜롬비아에서 군부가 사회의 주도세력으로 성장하였으나 1950년대 초 한국 파병은 군부의 사회적 위상을 더욱 증대시켰다. 한국 위협에 따른 콜롬비아 국내 안위 문제의 증대는 군부의 중요성을 고양시켰으며, 군부도 내부적으로 한국 참전으로 인해 전문화가 촉진되었다. 또한 국가안보에 대한 위기의식이 일상화됨으로써 군의 중요성이 부각되었으며, 장기간의 비올렌시아로 인해 1953년 콜롬비아 사회는 통치엘리트가 군부 출신으로 충원되는 외형적 변화를 맞았다.

참고문헌

· 1. 국내문헌

강석영, "미주기구의 설립배경", 『중남미연구』, 한국외국어대학교 중남미연구소, (2001).

김경수, "콜롬비아의 정치발전과정", 『중남미연구』, 한국외국어대학교 중남미연구소, (1989).

김영명, 『제3세계 군부통치와 정치경제』, (서울: 한울, 1985)

김욱래, "약소국 외교결정 요인: 강대국 관계를 중심으로", 『국제문제논총』, (1997).

김철범, 제임스메트레이 엮음, 『한국과 냉전: 분단과 파괴의 군축』, (서울: 평민사, 1991).

구영록, 『국제정치학의 주요 개념』, (서울: 법문사, 1978).

_____, 『정치학개론』, (서울: 박영사, 1992).

구본학 등, 『세계 외교정책론』, (서울: 을유문화사, 1995).

권만학 등, 『현대정치학』, (서울: 을유문화사, 1994).

남승환, 『콜롬비아의 La Violencia 연구』, 한국외국어대학교 석사학위논문, (1989).

로이드젠슨 지음, 김기정 옮김, 『외교정책의 이해』, (서울: 평민사, 1994).

민만식, 강석영, 최영수, 『중남미사』, (서울: 민음사, 1993).

민만식, 『라틴아메리카의 대외관계의 기본성격과 그 변화과정』, 한국외국어대학교 박사학위논문, (1973).

배종윤, 『한국외교정책 결정과정과 관료정치』, 연세대학교 박사학위논문, (2001).

서재안, "약소국에 있어서 국내정치와 외교정책과의 관계", 『한국국제
　　　정치 학회』, 제20집, (1980).

송기도, "콜롬비아의 대외정책", 『중남미연구』, 한국외국어대학교 중남
　　　미연구소, (1989).

이범준, 『한국외교정책: 이론과 실재』, (서울: 법문사, 1993).

이상우, 『국제관계이론』, (서울: 박영사, 1998).

이용희, 『일반국제정치학』, (서울: 박영사, 1982).

이호재, 『냉전시대의 극복』, (서울: 동아일보사, 1982).

유창선, 『한국 지역정당체제의 성립과 전개에 관한 연구』, 연세대학교
　　　박사학위논문, (2001).

정윤철, 『한국의 베트남전 파병과 한미동맹체제의 변화』, 고려대학교
　　　박사학위논문, (2001).

장재성, 『제3공화국 베트남 파병 과정에 관한 연구』, 동국대학교 박사
　　　학위논문, (1997).

조명현, "외교정책 모형에 관한 연구: 합리적 결정에 관한 분석과 비
　　　판", 『사회과학연구』, 충남대학교 사회과학 연구소, (2000).

조성권, "콜롬비아의 정치폭력의 역사적 기원과 발전 – 양당주의, 후견
　　　주의 그리고 반공주의를 중심으로", 『중남미연구』, 제14권, 한
　　　국외국어대학교 중남미연구소, (1995).

최종기, 『현대국제관계론』, (서울: 전영사, 1993).

하영선 등, 『현대국제정치학』, (서울: 나남, 1994).

한승주, 『약소국가의 대내 및 대외목표의 상호관계』, 경남대학교 극동
　　　문제연구소, (1974).

2. 외국문헌

Albella, Arturo. *Así Fué el 13 de Junio*, (Bogotá: Aquí, 출판년도 미기재).

Allison, Graham T. *Essence of Decision*, (Boston: Little Brown, 1971).

Arteta, Luis Eduardo Nieto. *Economía y Cultura en la História de Colombia*, (Bogotá: Tercer Mundo, 1982).

Barnet, Richard J. *Intervention and Revolution*, (New York: Mentor Book, 1972).

Borda, Villar. *Rojas, el Presidente Libertador*, (Bogotá: Agra, 1953).

Buitrago, Francisco Leal. *Estado Política en Colombia*, 2nd Ed., (Bogotá: Siglo XXI, 1989).

_____, "Política e Intervención Militar en Colombia", *Violencia en Colombia*, 2nd Ed., (Bogotá: Tercer Mundo, 1964).

Gómez, Galvis C. *Por Qué Cayó López?* (Bogotá: ABC, 1946).

Davis, Herold Eugene. *Latin American Thought*, (Lousiana State University Press, 1972).

Drekonja, Gerhard. *Retos de la Política Exterior Colombiana*, (Bogotá: Fodo Editorial Cerce, 1983).

Gómez, Eduardo Pizarro León. *El Profesionalización Militar en Colombia*, (Bogotá: Universidad Nacional de Colombia, 1985).

Faletto y Kirkwood. *El Liberalismo*, (Caracas, el Cid, 1978).

Gaitán, Jorgé Eliecér. *La Masacre de las Bananeras*, (Bogotá: Los Comunero, 1972).

García, Antonio. *La Independencia en la Teoría y en la Práctica*,

130

　　　　(Bogotá: Cooperativa Colombiana, 1957).

García, Puyana Gabriel. *Por la Liberdad en la Tierra Extraña*, (Bogotá: Colección Bibliográfica Banco de la República, 1993).

Gómez, Rosa and Valdes, Juan. *Intervención Militar Yanqui en Colombia*, (Bogotá: Frente Social, 출판년도 미기재).

Gonzáles, Margaríta. *El Resguardo en el Nuevo Reino de Granada*, (Bogotá: Universidad Nacional de Colombia, 1970).

_____, "El Proceso de Manumisión en Colombia", *Cuadernos Colombianos*, (Bogotá: Universidad Nacional de Colombia, 1974).

_____, "La Hacienda y los Origines de la Propiedad Territorial", *Cuadernos Colombianos*, (Bogotá: Universidad Nacional de Colombia, 1979).

Guzman, Germán, Umaña, Eduardo Luna and Orlando, Fals Borda. *La Violencia en Colombia*, (Bogotá: Tercer Mundo, 1964).

Kalmanovitz, Salomón. *La Ideología y Sociedad*, no.13, (1975).

Kissinger, Henry A. "Domestic Structure and Foreign Policy", *Comparative Foreign Policy*, (New York: David Makay Company, 1971).

Krasner, SD. "Are Bureaucracties Important? A Re-Examination of Accounts of the Cuban Missile Crisis", *Foreign Policy Analysis Project*, (Princeton: Princeton University, 1972).

León, Adólfo and Cruz, Atehortua. *El Estado y Fuerzas Armadas en Colombia*, (Bogotá: Tercer Mundo, 1994).

Liwen, Edwin. *Armas y Política en América Latina*, (Buenos Aires: Sur, 1965).

Manuel, Aguirre. *Imperialismo y Militarismo en América Latina*, (Bogotá: América Latina, 1977).

Mejia, Alvaro Tirado. *Aspectos Politicos del Primer Gobierno de López 1934-1938*, (Bogotá: Procultura, 1981).

_____, "Gaitanismo y 9 de Abril", *Primer Seminario Nacional sobre Movimientos Sociales*, (Bogotá: Universidad Nacional de Colombia, 1982).

_____, *Nueva História de Colombia*, Tomo II, (Bogotá: Planeta, 1989).

Molina, Gerardo. *Las Ideas Liberales en Colombia 1849-1914*, (Bogotá: Unversidad Nacional de Colombia, 1970).

Nieto, Rojas and María, José. *La Batalla contra el Comunismo en Colombia*, (Bogotá: Empresa Nacional de Publicaciones, 1956).

Novoa, Alberto Ruíz. *Enseñanza Militar de la Campaña de Corea*, (Bogotá: 출판사 미기재, 1956).

_____, "Colombia en Corea", *Revista Nueva Frontera*, (1978).

Ocampo, José Antonio. *Desarrollo y Sociedad*, no.4, (Junio, 1980).

Oquist, Paul. *Violence, Conflict and Politics in Colombia*, (New York: Academic Press, 1980).

Orlando, Fáls Bórda. *La Cuestión Agraña*, (Bogotá: Punta de Lanza, 1975).

Osteling, Jorge P. *Democracy in Colombia: Clientelist Politics and Guerrilla Wafare*, (New Brunswick, Transaction Books, 1989).

Pardo, Rodrigo and Tokatlian, Juan G. *Politica Exterior Colombiana: De la Subordinación a la Autonomía?* (Bogotá: Tercer Mundo,

132

1988).

Park, James William. *Rafael Nuñez and the Politics of Colombia Regionalism 1875-1885.* University of Kansas, Ph.D. Dissertation, (1975).

Park, Chang Jin. "The Influence of Small States upon the Superpowers", *World Politics.* (1975).

Pierre, Gilhodes. *Las Luchas Agrarias en Colombia.* (Bogotá: El Tigre de Papel, 출판년도 미기재).

Ramsey, Russell W. *Guerrilleros y Soldados.* (Bogotá: Tercer Mundo, 1981).

Rodríguez, Gillermo Hernández. *La Alternación ante el Pueblo con Constituyente Primario.* (Bogotá: América Libre, 1962).

Rosenau, James N. "Pre-theories and Theories of Foreign Policy." *Approaches to Comparative and International Politics,* (North-western University Press, 1966).

_____, *Domestic Sources of Foreign Policy,* (New York: Free Press, 1967).

Sanchez, Gonzálo. *Los Dias de la Revolución Gaitanismo y 9 de Abril en Provincia,* (Bogotá: Centro Cultura Jorge Eliecér Gaitán, 1983).

Santa, Eduardo. *El Bogotazo: Qué Pasó El 9 de Abril.* (Bogotá: Tercer Mundo, 1952).

Silva, Gavis Donadio A. *El Jefé Supremo,* (Bogotá: Planeta, 1988).

Snyder, Richard C, Bruck, H. W. and Sapin, Burton. "Decision-Making as an Approach to the Study of International Politics", *Foregin Policy Analysis Project,* no.3,

(Princeton: Princeton University Press, 1974).

Sharpless, Richard E. *Gaitan of Colombia*, (Pittsburgh: Pittsburgh University Press, 1978).

Tovar, Alvaro Valencia. *Testimonio de una Epoca*, (Bogotá: Planeta, 1992).

Trujillo, Elsa Blar. *Las Fuerzas: Una Mirada Civil*, (Bogotá: Cinep, 1993).

Urán, Carlos H. *Rojas y Manipulación del Pode*, (Bogotá: Carlos Valencia, 1983).

Uribe, Jaramillo. "Mestizaje y Diferenciación", *Ensayo sobre História Social Colombiana.*, (Bogotá: Universidad Nacional de Colombia, 1968).

Ulloa, Fernando Cepeda and García, Rodrigo Pardo. *Nueva Históia de Colombia III*, (Bogotá: Planeta, 1989).

Vargas, Enrique Cuellar. *13 Años de Violencia*, (Bogotá: Cultura Social, 1980).

Vieira, Gilberto. *9 de Abril, Experiencia del Pueblo*, (Bogotá: Sura-mérica, 1973).

3. 신문 및 정기간행물

El Siglo.

Eco Nacional.

Diario de Colombia.

Sábado.

Diario Oficial.

El Especrador.

El Tiempo.

El Liberal.

El País.

Jornada.

Semana.

Tribuna.

Vanguardia Liberal.

Diario de Colombia.

Revista Javeriana.

Revista de la Políca Nacional.

Revista Nueva Frontera.

· 저자 ·

차경미   · 약 력 ·

경희대학교 스페인어학과 졸업
Universidad Nacional de Colombia(콜롬비아 국립대학교) 대학원
역사학석사
한국외국어대학교 대학원 정치학 박사
경희대학교, 한국외국어대학교 강사

· 주요 논저 ·

「콜롬비아 한국전 참전의 국내정치적 요인」
「도미니카 혁명당(PRD)의 정권복귀와 2002년 대선 실패요인」
「카리브 연안국가 정치문화의 혼종적 양상 : 여성의 정치참여를 중심으로」
외

콜롬비아 그리고 한국전쟁

· 초판 인쇄   2006년 10월 30일
· 초판 발행   2006년 10월 30일

· 지 은 이   차경미
· 펴 낸 이   채종준
· 펴 낸 곳   한국학술정보㈜
            경기도 파주시 교하읍 문발리 526-2
            파주출판문화정보산업단지
            전화 031) 908-3181(대표) · 팩스 031) 908-3189
            홈페이지 http://www.kstudy.com
            e-mail(출판사업부) publish@kstudy.com
· 등   록   제일산-115호(2000. 6. 19)
· 가   격   9,000원

ISBN   89-534-5712-2 93340 (Paper Book)
        89-534-5713-0 98340 (e-Book)